Dinosaurier

Dinosaurier

Arten, Aussehen, Verhalten

Ravensburger Buchverlag

Inhalt

Die Welt der Dinosaurier   6

Dinosaurier-Zeitalter 8
Triassische Zeiten 10
Jurassische Riesen 12
Die Zeit der Kreide 14
Unterschiedliche Becken 16
Kalt- oder Warmblüter? 18
Überlebenskampf 20
Die nächste Generation 22
Fliegen oder schwimmen? 24

Parade der Dinosaurier   26

Die Fleischfresser 28
Die Pflanzenfresser 30
Die Langhälse 32
Die Dickköpfe 34
Die Gepanzerten 36
Groß und klein 38
Die Gefährlichsten 40
Die Schnellläufer 42

Das Dinosaurier-Puzzle   44

Fossile Belege 46
Auf fossilen Fährten 48
Berühmte Funde 50
Auf Dinosauriersuche 52
Das Zusammensetzen 54
Lebensecht 56
Dinosaurier-Sterben 58
Die Verwandten 60

Worterklärungen 62
Register 64

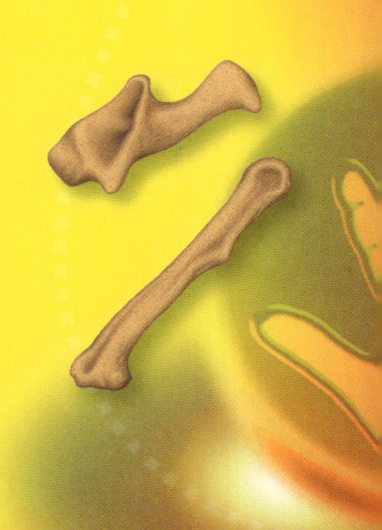

Wegweiser zum Wissen

Schlage Dinosaurier auf und gehe auf eine unvergleichliche Zeitreise in die prähistorische Welt dieser faszinierenden Tiere. Finde heraus, was einen Dinosaurier zum Dinosaurier macht, und lies dann weiter bis zum Schluss, damit du verstehst, warum die Dinosaurier von der Erde verschwanden. Oder lies, was dich am meisten interessiert. Willst du etwas über den schrecklichsten Fleischfresser erfahren? Dann fang bei „Die Gefährlichsten" an und schmökere von dort aus weiter. Auf jeder Seite gibt es Neues zu entdecken. Lies zum Beispiel über Fundorte und Ausstellungen in „Insidestory" oder mach mit bei „Sei aktiv!". Gehe Wörtern im „Wörterbuch" auf den Grund und bring deine Freunde mit interessanten und oft kuriosen Informationen aus „Schon gewusst?" zum Staunen. Jedes Mal, wenn du das Buch zur Hand nimmst, wird es dich überall hinführen, wohin du möchtest.

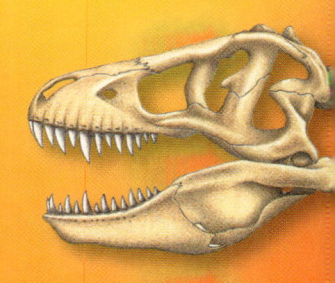

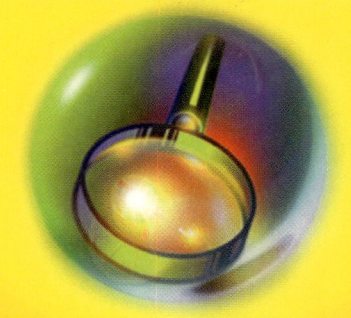

INSIDESTORY
Dinosaurier-Fundstätten

Lies, wie aufgeregt und begeistert Paul Sereno und Fernando Novas waren, als sie den ältesten je gefundenen Dinosaurier ausgruben. Sei dabei, wenn David Gillette die Überreste des größten Tieres aller Zeiten entdeckt. Stell dir vor, du bist mit John Horner zusammen, als dieser auf 15 Nester mit fossilierten Eiern und Jungen von Dinosauriern stößt – das war der erste Beweis dafür, dass Dinosaurier sich um ihren Nachwuchs kümmerten. INSIDESTORY lässt dich nachempfinden, wie es ist, wenn man eine Entdeckung macht und damit das Wissen über Leben und Tod der Dinosaurier erweitert.

SEI AKTIV!
Mach es selbst!

Rechne dir aus, wie viele Schritte du machen müsstest, um mit einem rennenden Tyrannosaurus mitzukommen. Füge die Skelettteile eines Hähnchens richtig zusammen, damit du lernst, wie ein Paläontologe Skelette von Dinosauriern zusammenbaut. Mach dich auf die Suche nach echten Fossilien. Überlege dir, warum Dinosaurier mit langen Hälsen so kleine Köpfe hatten. SEI AKTIV enthält Versuche, die die Dinosaurier zu neuem Leben erwecken.

WÖRTERBUCH

Was für ein komisches Wort! Was bedeutet es? Woher kommt es? Das alles erfährst du in **Wörterbuch**.

SCHON GEWUSST?

Interessante Fakten, faszinierende Rekorde, erstaunliche Figuren – für dich zusammengestellt in **Schon gewusst?**

WEGWEISER

Im Kästchen **Wegweiser** wirst du zu anderen Themen geführt, die mit dem, was du gerade liest, in Zusammenhang stehen.

Auf die Plätze!
Fertig! Los!

Die Welt der Dinosaurier

Geh auf eine Reise in die Vergangenheit zu den Dinosauriern und in die Welt, die sie 165 Millionen Jahre lang beherrschten. Lerne Dinosaurier von einem Nicht-Dinosaurier zu unterscheiden und sieh dich um in der Welt der Dinosaurier in der Trias, dem Jura und der Kreide. Dann wird es Zeit, die Dinosaurier ein bisschen näher kennenzulernen – ihre besonderen Merkmale, ihre Überlebensstrategien sowie die Art, wie sie ihre Jungen aufzogen. Und schließlich lernst du noch all die anderen Lebewesen kennen, die neben den Dinosauriern existierten.

Seite **8**
Wie unterscheidet man einen Dinosaurier von ähnlich aussehenden Verwandten? Lies nach bei **Dinosaurier-Zeitalter**.

Seite **10**
Wann gab es die ersten Dinosaurier auf der Erde? Warum sah die Erde damals anders aus als heute? Lies nach bei **Triassische Zeiten**.

Seite **12**
Wann begann die Blütezeit der Dinosaurier? Warum? Kennst du Pflanzen aus der Dinosaurier-Zeit, die es noch heute gibt? Lies nach bei **Jurassische Riesen**.

Seite **14**
Wann terrorisierte Tyrannosaurus die Erde? Lies nach bei **Zeit der Kreide**.

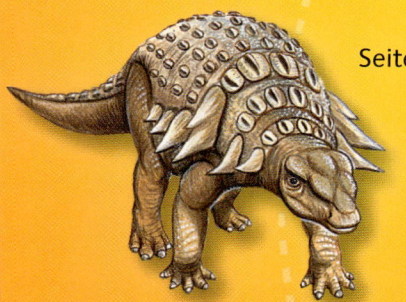

Seite **16**
Was konnten die Dinosaurier, was kein anderes Tier vor ihnen konnte? Lies nach bei **Unterschiedliche Becken**.

Seite **18**
Wie überlebten Dinosaurier bei Kälte? Lies nach bei **Kalt- oder Warmblüter?**

Seite **20**
Warum könnte ein Dinosaurier Streifen wie ein Tiger gehabt haben? Lies nach bei **Überlebenskampf**.

Seite **22**
Haben Dinosaurier für ihre Jungen gesorgt? Lies nach bei **Die nächste Generation**.

Seite **24**
Wenn Dinosaurier im Erdmittelalter das Festland beherrschten, welche Lebewesen beherrschen dann die Meere und die Lüfte? Welche Tiere waren klein und behaart und erschienen erstmals zur Zeit der Dinosaurier? Lies nach bei **Fliegen oder schwimmen?**

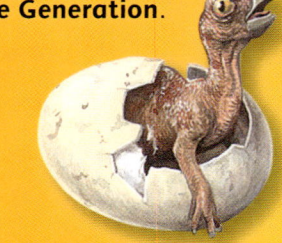

Seit Jahrtausenden wurden Dinosaurierknochen ausgegraben, aber niemand kannte ihre Bedeutung. Die Chinesen glaubten früher, es seien die Knochen von Drachen mit Zauberkräften.

Dinosaurier-Zeitalter

Wenn du an Dinosaurier denkst, fallen dir vielleicht nur die riesigen Urzeittiere ein. Doch nicht alle Dinosaurier waren groß. Nicht alle waren Furcht einflößend. Im Gegenteil: Einige waren größer als ein Bus und stampften auf vier dicken Beinen durch die Gegend. Andere erreichten kaum Hühnergröße und flitzten auf zwei Beinen umher. Manche lebten allein oder zu Paaren. Andere fanden sich in Herden zu Tausenden und mehr zusammen.

Trotz all der Unterschiede hatten Dinosaurier aber Gemeinsamkeiten. Alle legten Eier, und sie liefen auf Beinen, die senkrecht unter ihrem Körper standen. Die meisten hatten eine schuppige Haut, wie Echsen und Krokodile heute, einige trugen vielleicht auch Federn. Dinosaurier werden in zwei Gruppen aufgeteilt – in „Echsenbecken-Dinosaurier" und in „Vogelbecken-Dinosaurier" – je nachdem, wie ihre Beckenknochen angeordnet waren. Das Zeitalter der Dinosaurier dauerte 165 Millionen Jahre; man nennt diese Zeit das Erdmittelalter oder Mesozoikum und teilt es in die Abschnitte Trias, Jura und Kreide ein.

Reich an Dinosaurier-Fossilien sind meist vegetationsarme, fast wüstenhafte Gebiete. Dort haben Flüsse das Gestein erodiert, sodass die Knochen leichter zu finden sind. Bedeutende Fundstätten liegen in den Rocky Mountains in den USA und in Kanada. Auch in der Mongolei gibt es Gebiete mit zahlreichen Dinosaurier-Resten.

Alle Dinosaurier sind ausgestorben, also lass dich nicht von diesem Komodowaran in die Irre führen. Er ist die größte heute lebende Echse. Anders als ein Dinosaurier läuft er auf seitlich abstehenden Beinen.

ERDGESCHICHTE
Die Erdgeschichte wird in Zeitalter und Abschnitte unterteilt. Unterschiedliche Pflanzen und Tiere existierten zu verschiedenen Zeiten. Dinosaurier lebten im Mesozoikum oder Erdmittelalter.

Präkambrium	Kambrium	Ordovizium	Silur	Devon
			Paläozoikum	
Vor 4,6 Mrd. Jahren	550	505	435	408

WÖRTERBUCH

Das Wort **DINOSAURIER** bedeutet so viel wie „Schreckensechsen". Richard Owen schuf das Wort 1842 aus zwei altgriechischen Wörtern, deinos und sauros. Er gab diesen Namen einer neu entdeckten Gruppe – Tieren, die oft riesenhaft waren und deren Körper dem von Echsen glich.

SCHON GEWUSST?

Heute kennen wir über 800 verschiedene Dinosaurier-Arten, und alle sieben Wochen wird eine neue entdeckt. Paläontologen vermuten, dass man noch etwa 1000 Arten finden wird. Doch es gibt viele Dinosaurier, über die wir nie etwas erfahren werden – es sind die Arten, die keine Fossilien hinterließen, die über sie Auskunft geben könnten.

WEGWEISER

- Wie unterschieden sich Vogelbecken-Dinosaurier von Echsenbecken-Dinosauriern? Lies nach auf S. 23.
- Waren Dinosaurier-Eier die größten Eier, die es je gab? Lies nach auf S. 23.
- Wie legt man sich eine Fossilien-Sammlung an? Lies nach auf S. 53.

Synapsiden, säugerähnliche Reptilien, lebten vor den Dinosauriern. Pretosaurier oder Flugsaurier konnten fliegen. Im Wasser lebten die Meeresreptilien.

Peloneustes, Meeresreptil

Dimetrodon, Synapside

Pteranodon, Pterosaurier

INSIDESTORY
Die Dinosaurier-Experten

Untersuchst du gern Gesteine? Hast du schon einmal ein Fossil gesehen und dich gefragt, wie es wohl aussah, bevor es ein Fossil wurde? Interessierst du dich für Dinosaurier und ihre prähistorische Welt? Dann willst du vielleicht eines Tages Dinosaurier-Experte werden. Du kannst schon jetzt damit anfangen, indem du Bücher über Dinosaurier liest und eine Fossilien-Sammlung anlegst. Fossilien sind Bruchstücke, die von längst ausgestorbenen Tieren und Pflanzen übrig geblieben sind. Dinosaurier-Experten heißen Paläontologen. Als Erstes graben sie Dinosaurier-Fossilien vorsichtig aus, wie diese Paläontologen. Dann bringen sie sie in ein Labor, wo sie sie säubern und haltbar machen. Schließlich untersuchen sie die Fossilien, um mehr über die Dinosaurier und ihre Zeit herauszufinden.

Dilophosaurus verspeist genüsslich eine Echse. Der Fleischfresser aus dem Jura war fast 6 m lang, dabei aber leicht, und konnte auf seinen starken Hinterbeinen seiner Beute nachjagen. Mit dem eigenartig geformten Kopfschmuck hat er wohl einen Geschlechtspartner angelockt oder einen Rivalen vertrieben.

Karbon	Perm	Trias	Jura	Kreide	Tertiär	Quartär
		Mesozoikum			Känozoikum	
	286	248	208	144	65	2 0

Melanorosaurus	Sellosaurus

Triassische Zeiten

Pangäa

In der Triaszeit, die vor 248 Millionen Jahren begann, war die Welt ein einziger Riesenkontinent. Man nennt ihn Pangäa. Im Landesinneren war es trocken wie in einer Wüste. Aber in Küstennähe fiel Regen und es wucherten Dschungel aus Riesenfarnen. Die meisten Tiere lebten hier, wo es genug zu fressen und reichlich Wasser gab. Die ersten Dinosaurier erschienen vor rund 228 Millionen Jahren. Sie waren kleine Fleischfresser, die sich vermutlich aus kaum hasengroßen Tieren entwickelten.

Auf ihren beiden Hinterbeinen konnten sie sich aufrichten und schneller laufen als ihre Beutetiere. Deshalb beherrschten sie schon bald die Welt der Trias und verdrängten die Reptilien, die vor ihnen auf Pangäa herrschten. Dann traten die ersten pflanzenfressenden Dinosaurier auf, groß wie Lastwagen. Gegen Ende der Trias hatten sich die Dinosaurier über die ganze Welt verbreitet. Sie waren größer und schneller als alle anderen. Und es gab keine Ozeane, die ihre weltweite Verbreitung hätten verhindern können.

• Dinosaurier-Fundort aus der Trias

Pangäa erstreckte sich vom Nordpol zum Südpol. Triassische Dinosaurier konnten in Pangäa überallhin gelangen, ohne sich die Füße nass zu machen. Deshalb sind Fossilien der Trias-Dinosaurier weltweit außer in der Antarktis gefunden worden. Die Fossilien des Dinosauriers Massospondylus wurden in so weit voneinander entfernten Orten wie Südamerika und Arizona in den USA geborgen.

Wie bestimmen Wissenschaftler das Alter von Dinosaurier-Knochen? Als Erstes stellen sie fest, in welcher Gesteinsart die Knochen gefunden wurden. Dann vergleichen sie die Knochen mit anderen Fossilien, deren Alter sie kennen. Schließlich suchen sie vulkanisches Gestein in der Nähe des Fundorts und messen die radioaktive Zerfallsrate. Mithilfe von Hightechausrüstung berechnen sie, dass diese Coelophysis-Knochen etwa 225 Millionen Jahre alt sind.

Saltopus	Procompsognathus

WÖRTERBUCH

Das Wort **PANGÄA** kommt aus dem Altgriechischen und bedeutet „Gesamte Erde". In der Trias gab es nur den Kontinent Pangäa und zu ihm gehörte alles Land der Erde. Die Kontinente, wie wir sie heute kennen – Nord- und Südamerika, Europa, Asien, Afrika, Australien und die Antarktis –, bildeten zusammen eine einzige große Landmasse.

SCHON GEWUSST?

Coelophysis war ein Kannibale. Als Paläontologen eine Ansammlung von Coelophysis-Skeletten bei Ghost Ranch in New Mexico, USA, fanden, hatten einige von ihnen Skelette von Coelophysis-Jungtieren in ihrem Bauch. Die Kleinen waren das Letzte, was die Erwachsenen gefressen hatten. Doch Dinosaurier sind nicht die einzigen Tiere, die ihren Nachwuchs verspeisten. Viele Tiere tun das noch heute.

WEGWEISER

- Welche Tiere beherrschen in der Trias Meere und Lüfte? Lies nach auf S. 24–25.
- Was aßen die Pflanzen- und die Fleischfresser? Lies nach auf S. 28–31.
- Wie wurden Dinosaurier zu Fossilien? Lies nach auf S. 46–47.

ANDERE BEWOHNER

INSIDESTORY
Die ältesten Dinosaurier

Ein amerikanisch-argentinisches Forscherteam unter der Führung der berühmten Paläontologen Paul Sereno und Fernando Novas machte sich 1993 in den von der Erosion zerfressenen Landschaften Nordwest-Argentiniens auf die Suche nach dem ältesten Dinosaurier. Als einer von ihnen gerade einen Stein wegwerfen wollte, bemerkte er Zähne in ihm. Er sah genauer hin: Das Gestein enthielt einen fossilierten Schädel. Bald grub das Team das vollständige Skelett eines Tieres aus, das noch keiner von ihnen je gesehen hatte. Sie wussten, es war ein Dinosaurier – aber wie alt war er? War er vielleicht der erste Dinosaurier? Nach monatelangen Studien fühlten sich die Forscher bestätigt. Sie nannten den bisher ältesten fossilen Dinosaurier Eoraptor, was „Dieb der Morgenröte" bedeutet. Der kaum schäferhundgroße Raubsaurier lebte vor 228 Millionen Jahren.

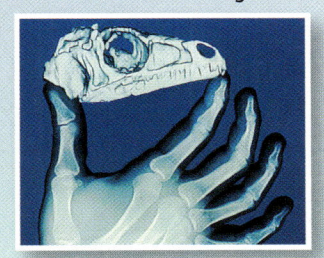

Tiere wie Kannemeyeria waren in der ersten Hälfte der Trias vorherrschend. Sie waren Synapsiden, die schon viele Merkmale der Säugetiere entwickelt hatten, im Wesentlichen aber Reptilien blieben. Sie behaupteten sich anfänglich neben den Dinosauriern, weil sie kleiner waren.

Als erste Geschöpfe sausten Flugsaurier oder Pterosaurier durch die Lüfte. Diese fliegenden Reptilien erschienen schon bald nach den Dinosauriern. Eudimorphodon war etwa so groß wie eine Möwe. Er hatte Hautflügel wie eine Fledermaus und flog über dem heutigen Norditalien.

In dieser Szene aus der späten Triaswelt kaut ein pflanzenfressender Plateosaurus genüsslich Farne. Er ist etwa 8,5 m lang und braucht sich vor den beiden Dinosauriern der Gattung Coelophysis nicht zu fürchten. Der viel kleinere Coelophysis ist zwar Fleischfresser, interessiert sich aber mehr für Eidechsen als Beute.

Die Ozeane wimmelten von Meeresreptilien wie Nothosaurus. Wissenschaftler haben Fossilien von Nothosaurus-Müttern mit ihren Jungen gefunden. Die Kleinen wurden wahrscheinlich lebend geboren und schlüpften nicht aus Eiern.

Eoraptor Herrerasaurus

Jurassische Riesen

Die Jura-Zeit begann vor 208 Millionen Jahren. Damals zerbrach der Superkontinent. Das Meer überflutete weite Teile und schuf zwei kleinere Superkontinente, Laurasia und Gondwana. Auch das Klima änderte sich. Es wurde etwas kühler und regnete viel mehr. Dichte Urwälder mit Farnen, Zykadeen und Nadelbäumen boten den Pflanzenfressern reichlich Nahrung und den Fleischfressern ergiebige Jagdgründe.

Die Jura-Zeit war für die Dinosaurier ideal. Viele neue Arten entwickelten sich. Riesige Sauropoden reckten ihre langen Hälse, um an die höchsten Bäume zu gelangen. Stegosaurier bewegten sich schwerfällig auf allen vieren. Hundegroße Ornithopoden weideten im Unterholz. Riesige Fleischfresser jagten die massigen Sauropoden, kleine Fleischfresser schnappten nach Insekten und kleinen Reptilien.

Gegen Ende der Jura-Zeit lebten Dinosaurier überall auf den beiden Kontinenten, aber die beiden Arten unterschieden sich. Stegosaurus zog durch Nordamerika, während sein naher Verwandter Kentrosaurus in Afrika lebte.

• Jurassischer Dinosaurier-Fundort

Pangäa zerbrach in Laurasia und Gondwana und driftete dann weiter auseinander. Fossilfunde zeigen, dass jurassische Dinosaurier auf den beiden Kontinenten zwar ähnlich, aber nicht gleich waren. Der in Colorado, USA, ausgegrabene Brachiosaurus sieht etwas anders aus als der in Tansania, Afrika, gefundene.

Im Film „Jurassic Park" haben Forscher mit einer Gentechnologie genannten Methode Dinosaurier wieder ins Leben zurückgeholt. Allerdings braucht man dafür Dinosaurier-DNS. Und die gibt es nicht und wird es vermutlich auch nie geben. Deshalb besteht keine Gefahr, dass wir beim Joggen je einem Dinosaurier begegnen werden.

WÖRTERBUCH

GONDWANA bedeutet „Land der Gond". Die Gond waren ein Volksstamm, der in Indien lebte (natürlich lange nach der Jura-Zeit).
LAURASIA entstand aus zwei Wörtern, Laurentia – das ist ein Gebiet am St.-Lorenz-Strom in Kanada – und Asien.

SCHON GEWUSST?

In den US-Bundesstaaten Utah, Colorado und Wyoming kann man jurassische Dinosaurier-Knochen mit einem Geigerzähler finden, der knattert, wenn er auf etwas Radioaktives stößt. Er knattert bei Jura-Knochen, weil sie Uran enthalten – doch so wenig, dass sie ungefährlich sind.

WEGWEISER

- Wie töteten Fleischfresser ihre viel größere Beute? Lies nach auf S. 28–29.
- Kann etwas Weiches wie ein Blatt leichter fossilieren als etwas Hartes wie ein Knochen? Lies nach auf S. 46–47.

INSIDESTORY
Pflanzenkenner

Pflanzen bildeten die Grundlage der Dinosaurier-Herrschaft. Ohne Pflanzen konnte es keine Pflanzenfresser geben. Und ohne Pflanzenfresser keine Fleischfresser. Pflanzen hatten sogar Einfluss darauf, wo ein Dinosaurier lebte – ein großer Dinosaurier konnte sich keinen Weg durch dichten Dschungel bahnen. Manche Pflanzen aus dem Erdmittelalter gibt es noch heute, doch die meisten sind seit Jahrmillionen verschwunden. Paläobotaniker wie Bruce Tiffney von der University of California in Santa Barbara, USA, interessiert sich besonders für die Pflanzen, die Dinosaurier fraßen, und für die Lebensräume, die sie für diese schufen. Er untersucht Fossilien wie dieses fossilierte Haselnussblatt, um mehr über die Pflanzen der Dinosaurierwelt zu erfahren.

Eine Barosaurus-Mutter steigt drohend hoch, um ihr Junges vor einer Allosaurus-Meute zu schützen. Barosaurus konnte sich 15 m hoch aufrichten, dann niederdonnern und alles, was ihm in den Weg kam, unter seinen Vorderbeinen zerquetschen. Diese Szene spielt sich in einem Wald aus Nadelbäumen der Jura-Zeit ab.

DINOSAURIER-KOST

In der Welt des Jura gab es reichlich Nahrung für Dinosaurier. Fleischfresser, die keine Dinosaurier rissen, verschlangen Schildkröten, Krokodile, Eidechsen und Insekten. Pflanzenfresser knabberten an Blättern von Farnen und Bäumen. Sie hatten viele Pflanzen zur Auswahl.

Pleisochelys, eine Schildkröte

Libelle

Kakerlak

Schachtelhalm

Ginkgo

Zykadee

Die Zeit der Kreide

Die Kreide begann vor 144 Millionen Jahren. Während dieser Zeit drifteten die Superkontinente Laurasia und Gondwana weiter auseinander und Gondwana zerbrach in kleinere Kontinente. Es gab nun jahreszeitliche Klimagegensätze. Der Sommer war warm und feucht, der Winter eiskalt. Die ersten Blütenpflanzen erschienen.
Gegen Ende der Kreide bedeckten Wälder aus Eichen, Magnolien und Ahornbäumen Teile der Nordhalbkugel. In dieser üppigen Pflanzenwelt entwickelte sich eine Vielzahl an Dinosaurier-Arten.
Dinosaurier machten in dieser Periode viele Veränderungen durch. Einige, wie die Stegosaurier, starben aus und gepanzerte Ankylosaurier nahmen ihren Platz ein. Die Sauropoden wurden selten, dafür waren neue Pflanzenfresser erfolgreich. Zu ihnen gehörten die Hadrosaurier mit ihren eigenartigen Schädelformen und Ceratopsier, die mit bis zu sieben Hörnern wie Nashörner aussahen. Und die fleischfressenden Theropoden wie Tyrannosaurus erschienen.
Nach 80 Millionen Jahren, am Ende der Kreide, war das Zeitalter der Dinosaurier plötzlich zu Ende.

• Kreidezeitlicher Dinosaurier-Fundort

Laurasia und Gondwana zerbrachen in kleinere Landmassen. In Asiamerika lebende Dinosaurier sahen anders aus als die in Euramerika. Auch gab es nun mehr Arten als je zuvor. Kreidezeitliche Dinosaurier-Fundorte sind heute die häufigsten.

SEI AKTIV!
Fantasie-Dinosaurier

Dinosaurier waren höchst seltsam gestaltet. Manche sahen aus, als seien sie aus Teilen verschiedener Tiere zusammengesetzt. Hast du schon einmal daran gedacht, dir selbst einen Dinosaurier zu schaffen? Wie könnte wohl ein Giraffeodon aussehen? Wie groß wäre ein Elephantosaurus?

1. Für deinen Fantasie-Dinosaurier brauchst du weißes Papier und Buntstifte. Hast du keine Ideen, sieh dir einfach Bücher über Vögel, Reptilien, Säugetiere und Dinosaurier an.
2. Zeichne deinen Fantasie-Dinosaurier auf Papier. Nimm Merkmale von richtigen Dinosauriern und kombiniere sie mit Merkmalen heute lebender Tiere. Überlege, wie dein Dinosaurier gefärbt sein soll und male ihn an.
3. Gib deinem Dinosaurier einen Namen. Schreib vielleicht auf, was er aß, wo er lebte und welche anderen Dinosaurier mit ihm lebten.

Ornithomimus

Euoplocephalus

Velociraptor

Tyrannosaurus

WÖRTERBUCH

Der Name **KREIDE** bezieht sich auf die aus dieser erdgeschichtlichen Epoche stammenden, hellweißen Kreideablagerungen, charakteristisch z. B. für die Klippen von Dover im Süden Englands.

Der Name **JURA** kommt von Gesteinen, die im Jura-Gebirge in Süddeutschland gefunden wurden. Jurassisch heißt den Jura betreffend.

SCHON GEWUSST?

Kakerlaken existierten lange vor den Dinosauriern und krabbeln noch heute herum. Das macht sie zu lebenden Fossilien. Lebende Fossilien sind Tiere oder Pflanzen, die noch heute so aussehen wie zur Zeit ihrer Entstehung. Manche Krokodile, Eidechsen, Frösche und Schildkröten sind lebende Fossilien aus der Zeit der Dinosaurier. Einige Hai-Arten lebten sogar noch früher.

WEGWEISER

- Möchtest du noch mehr Hadrosaurier wie Corythosaurus sehen? Lies nach auf S. 34–35.
- Wie griff ein Ceratopsier wie Chasmosaurus an? Lies nach auf S. 36–37.
- In den 1980er-Jahren gingen wieder Forscherteams in die Wüste Gobi. Gruben sie neue Dinosaurier aus? Lies nach auf S. 50.

ZUR SZENE GEHÖREND

Magnolien gehörten zu den ersten Blütenpflanzen auf der Erde. Sie sehen noch heute fast genauso aus wie zur Zeit ihres Erscheinens in der späten Kreidezeit. Pflanzenfresser unter den Dinosauriern ernährten sich vermutlich von den ersten Blütenpflanzen.

Eidechsen und die ersten Schlangen waren in der Kreidezeit weitverbreitet. Polyglyphanodon war etwa so groß wie ein Kaninchen und diente kleinen, fleischfressenden Dinosauriern in Nordamerika als Nahrung.

Die ersten Säuger hatten sich nun gut verbreitet. Säugetiere wurden in der Kreide niemals größer als Katzen. Zum Beispiel Crusafontia, ein Leckerbissen für kleinere, fleischfressende Dinosaurier.

INSIDESTORY
Fossilien in der Gobi

Die extrem unwirtliche Wüste Gobi in der Mongolei wäre sicherlich nicht der Ort, wo du leben möchtest, doch wenn du auf der Suche nach Dinosaurier-Fossilien bist, ist sie eine wahre Schatzgrube. Roy Chapman Andrews unternahm für das Amerikanische Naturhistorische Museum zwischen 1922 und 1925 vier Expeditionen dorthin. Seine Karawane bestand aus Kamelen und Lastern, vollgepackt mit Ausrüstungen und Vorräten. Sie kämpften mit Banditen und Sandstürmen – und fanden Hunderte von Dinosaurier-Fossilien. Sie legten das erste jemals gefundene Nest mit Dinosaurier-Eiern frei. Sie entdeckten Dinosaurier wie Oviraptor, Protoceratops, Saurornithoides und Velociraptor.

Eine Herde der Gattungen Corythosaurus und Chasmosaurus donnert über eine Ebene in Nordamerika. Die Pflanzenfresser unternehmen ihre jährliche Wanderung auf der Suche nach Futter. Eine Herde konnte über 10000 Dinosaurier zählen. Fleischfresser wie Tyrannosaurus lauerten im Hintergrund, um über schwache oder kranke Tiere herzufallen.

Pachycephalosaurus

Echsenbecken-Apatosaurus Vogelbecken-Wuerhosaurus

Unterschiedliche Becken

Dinosaurier werden nach dem Bau ihres Beckens unterschieden. Die Saurischier-Gruppe hatte ein Becken, das dem einer Echse ähnelte; darum spricht man von Echsenbecken-Dinosauriern. Ornithischier haben Becken wie Vögel. Das sind die Vogelbecken-Dinosaurier.

Alle Fleischfresser gehörten zur Echsenbecken-Gruppe. Auch einige Pflanzenfresser wie die langhalsigen Sauropoden und ihre kleineren Vorfahren, die Prosauropoden, zählten dazu. All die anderen Pflanzenfresser waren Vogelbecken-Dinosaurier. Ihr Schambein wies nach hinten. So war mehr Platz für einen großen Magen und viel Gedärm vorhanden, die sie für die Verdauung der Pflanzennahrung brauchten.

Obwohl Saurischier und Ornithischier unterschiedliche Becken besaßen, waren ihre Beckenknochen auf die gleiche Weise mit den Beinknochen verbunden. Ein rechtwinkliges Gelenk bedeutete, dass sie auf senkrecht vom Körper nach unten abstehenden Beinen liefen und nicht mehr krochen – als erste Tiere überhaupt. Sie verbrauchten weniger Energie als Kriechtiere und konnten so größer werden und weiter und schneller laufen. Solche Beine waren das Geheimnis des Erfolgs der Dinosaurier.

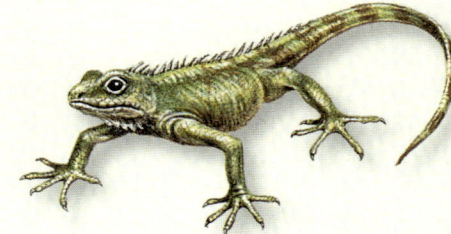

Echsen laufen auf seitlich abstehenden Beinen. Sie müssen jedes Bein einzeln hochheben. Das verbraucht viel Energie und ist nur für kurze Spurts geeignet.

Junge Krokodile gehen noch auf senkrechten Beinen. Aber bei erwachsenen Krokodilen stehen die Beine seitlich ab wie bei anderen Reptilien.

SEI AKTIV!
Ein Skelett-Puzzle

Wenn Paläontologen vor einem Haufen Dinosaurier-Knochen sitzen und sie zusammenfügen wollen, ist dies wie bei einem Puzzle. Bauen sie die Knochen richtig zusammen, erhalten sie ein Dinosaurier-Skelett. Wenn du ein Hähnchen isst, kannst auch du ein Skelett bauen.

1. Hebe alle Hähnchenknochen auf. Bitte deine Eltern, sie zu kochen, damit sie sauber sind. Breite sie dann vor dir aus.
2. Sieh dir die Knochen an. Überlege, wie sie zu einem Skelett zusammenpassen. Beine und Flügel sind lange, gerade Knochen. Gebogene Rippen kommen aus dem Brustkorb. Die Beckenknochen sind flach, als Ansatz für die Beine. Der Rücken hat viele kleine viereckige Wirbelknochen. Kannst du das Hähnchenskelett wieder zusammenbauen?

Darmbein

Sitzbein

BECKENKNOCHEN
Ein Dinosaurier-Becken bestand aus drei Knochen. An Schambein und Darmbein saßen die Beinmuskeln und am Sitzbein die Schwanzmuskeln. Die beiden Dinosaurier-Becken sind leicht zu unterscheiden. Bei der Echsenbecken-Gruppe zeigt das Schambein nach vorn, bei der Vogelbecken-Gruppe nach hinten.

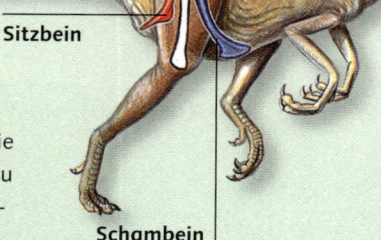

Schambein

Oviraptor war ein Fleischfresser und ein typischer Saurischier. Sein Schambein wies nach vorn und stand so ab, dass es mit der anderen beiden Beckenknochen, dem Darmbein und dem Sitzbein, ein Dreieck bildete.

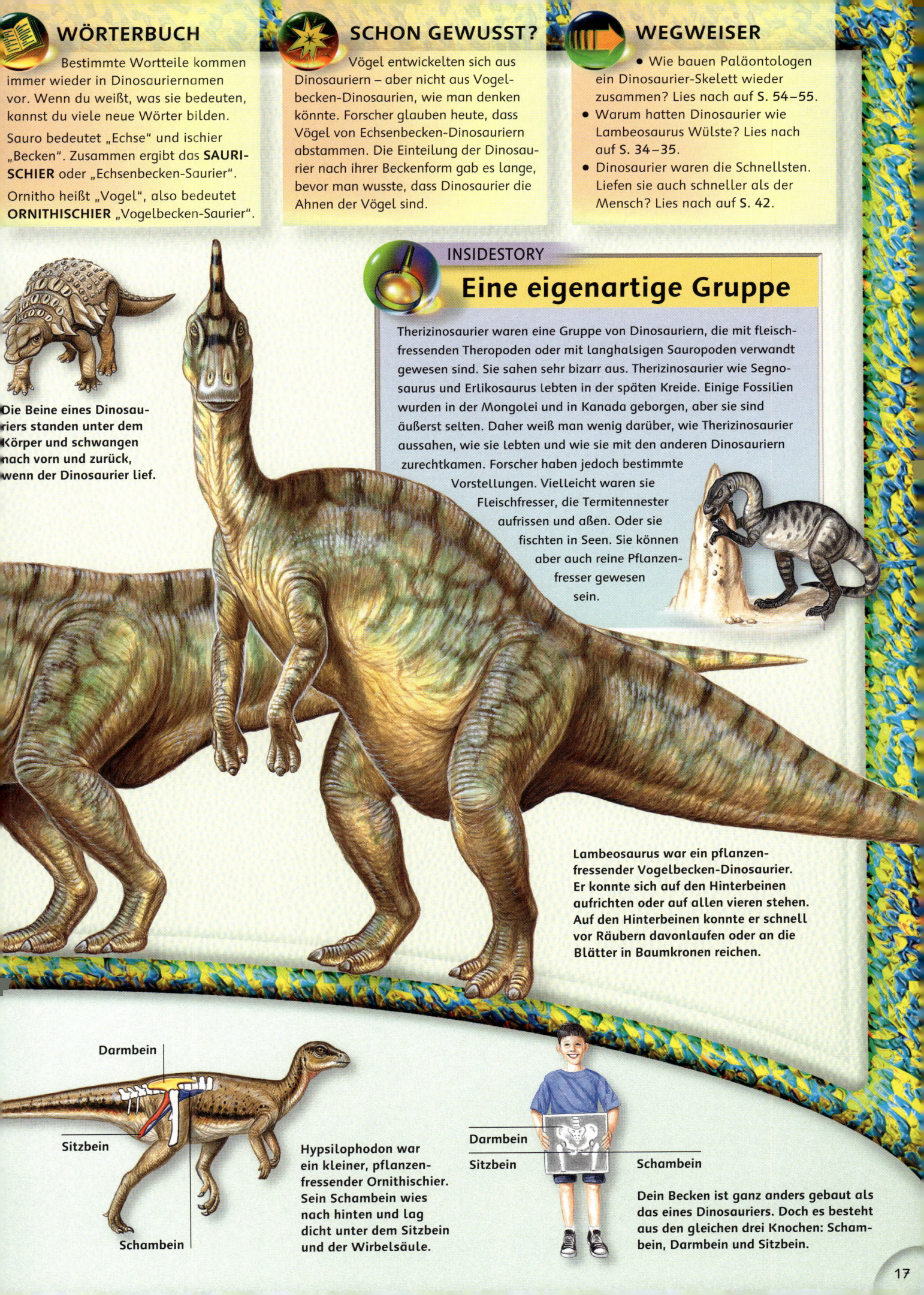

WÖRTERBUCH

Bestimmte Wortteile kommen immer wieder in Dinosauriernamen vor. Wenn du weißt, was sie bedeuten, kannst du viele neue Wörter bilden.

Sauro bedeutet „Echse" und ischier „Becken". Zusammen ergibt das **SAURISCHIER** oder „Echsenbecken-Saurier".

Ornitho heißt „Vogel", also bedeutet **ORNITHISCHIER** „Vogelbecken-Saurier".

SCHON GEWUSST?

Vögel entwickelten sich aus Dinosauriern – aber nicht aus Vogelbecken-Dinosaurien, wie man denken könnte. Forscher glauben heute, dass Vögel von Echsenbecken-Dinosauriern abstammen. Die Einteilung der Dinosaurier nach ihrer Beckenform gab es lange, bevor man wusste, dass Dinosaurier die Ahnen der Vögel sind.

WEGWEISER

- Wie bauen Paläontologen ein Dinosaurier-Skelett wieder zusammen? Lies nach auf S. 54–55.
- Warum hatten Dinosaurier wie Lambeosaurus Wülste? Lies nach auf S. 34–35.
- Dinosaurier waren die Schnellsten. Liefen sie auch schneller als der Mensch? Lies nach auf S. 42.

INSIDESTORY
Eine eigenartige Gruppe

Therizinosaurier waren eine Gruppe von Dinosauriern, die mit fleischfressenden Theropoden oder mit langhalsigen Sauropoden verwandt gewesen sind. Sie sahen sehr bizarr aus. Therizinosaurier wie Segnosaurus und Erlikosaurus lebten in der späten Kreide. Einige Fossilien wurden in der Mongolei und in Kanada geborgen, aber sie sind äußerst selten. Daher weiß man wenig darüber, wie Therizinosaurier aussahen, wie sie lebten und wie sie mit den anderen Dinosauriern zurechtkamen. Forscher haben jedoch bestimmte Vorstellungen. Vielleicht waren sie Fleischfresser, die Termitennester aufrissen und aßen. Oder sie fischten in Seen. Sie können aber auch reine Pflanzenfresser gewesen sein.

Die Beine eines Dinosauriers standen unter dem Körper und schwangen nach vorn und zurück, wenn der Dinosaurier lief.

Lambeosaurus war ein pflanzenfressender Vogelbecken-Dinosaurier. Er konnte sich auf den Hinterbeinen aufrichten oder auf allen vieren stehen. Auf den Hinterbeinen konnte er schnell vor Räubern davonlaufen oder an die Blätter in Baumkronen reichen.

Darmbein
Sitzbein
Schambein

Hypsilophodon war ein kleiner, pflanzenfressender Ornithischier. Sein Schambein wies nach hinten und lag dicht unter dem Sitzbein und der Wirbelsäule.

Darmbein
Sitzbein
Schambein

Dein Becken ist ganz anders gebaut als das eines Dinosauriers. Doch es besteht aus den gleichen drei Knochen: Schambein, Darmbein und Sitzbein.

Wärst du so groß wie Diplodocus, würde sich viel Hitze in deinem Körper ansammeln. Du müsstest davon etwas loswerden, um nicht zu überhitzen. Diplodocus helfen dabei sein langer Hals, sein langer Schwanz und die langen Beine.

Kalt- oder Warmblüter?

Wenn es für Tiere zu heiß oder zu kalt wird, kann ihr Körper nicht richtig funktionieren. Am besten geht es ihnen, wenn ihre Körpertemperatur gerade richtig ist. Sie passen sie auf zweierlei Art an. Kaltblütige Tiere wie Eidechsen und Schlangen erhalten ihre Körperwärme von außen. Sie wärmen sich in der Sonne auf und gehen dann in den Schatten. Warmblütige Tiere wie Menschen oder andere Säuger erzeugen die Wärme im Körper selbst. Sie wandeln die aus der Nahrung gewonnene Energie in Wärme um.
Wahrscheinlich gab es bei den Dinosauriern beides. Einige waren wohl „kaltblütig". Sie lebten in wärmeren Klimagebieten, wo es leicht war, sich warm zu halten. Ihre massigen Körper speicherten Wärme für kältere Zeiten. Manche hatten Rückensegel, Platten oder Kragen – damit konnten sie Sonnenwärme aufnehmen und dann allmählich abkühlen. Die langhalsigen Dinosaurier hatten viel Haut, über die sie überschüssige Hitze abgeben konnten.
Kleine Dinosaurier waren eher „warmblütig". Warmblütige Dinosaurier konnten sowohl warmes als auch kaltes Klima ertragen, solange sie genug zu essen hatten. Sie heizten ihren „inneren Ofen" auf, indem sie ständig ungeheure Mengen Nahrung zu sich nahmen.

Leaellynasaura lebte im südlichen Australien während der Kreidezeit. In den Wintermonaten muss es dort auch am Tag dunkel und eisig kalt gewesen sein. Leaellynasaura war für Wanderungen zu klein. Deshalb war er vermutlich warmblütig, um zu überleben, wo die Sonne nicht schien.

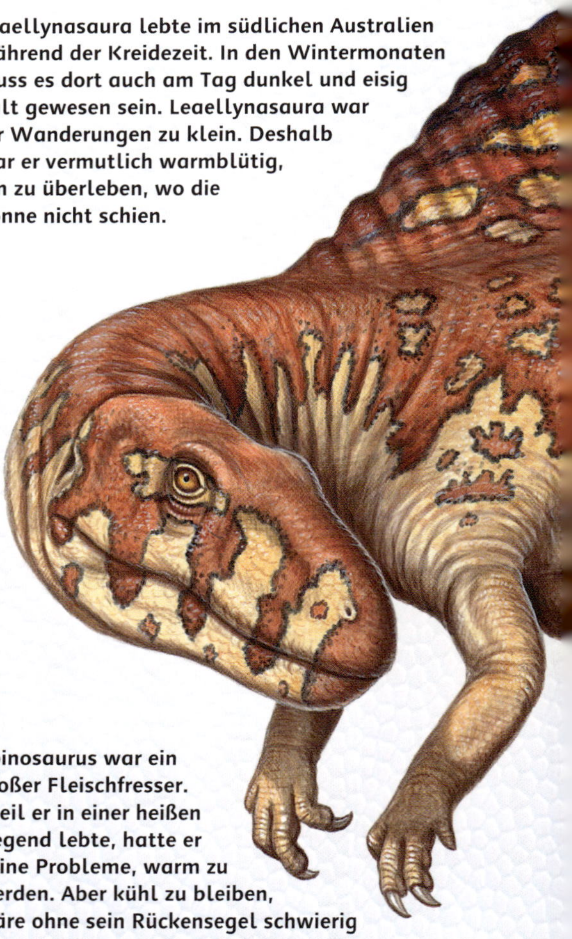

INSIDESTORY
Weder dumm noch träge

Alle Dinosaurier waren große, dumme, kaltblütige Geschöpfe, die träge durchs Leben schritten. Das war die herkömmliche Meinung, bis der amerikanische Paläontologe John Ostrom Deinonychus fand. Dieser Fleischfresser war etwa so groß wie ein Mensch. Er stand auf den Hinterbeinen, und an den Füßen saßen zwei riesige, sichelförmige Krallen. John Ostrom war überzeugt, dass dieses Tier seine Klauen nur dann zum Töten einsetzen konnte, wenn es schnell lief. Um derart aktiv zu sein, musste Deinonychus ein Warmblüter sein. John Ostroms Entdeckung hat unser Bild von den Dinosauriern verändert.

Spinosaurus war ein großer Fleischfresser. Weil er in einer heißen Gegend lebte, hatte er keine Probleme, warm zu werden. Aber kühl zu bleiben, wäre ohne sein Rückensegel schwierig gewesen. Es war vermutlich eine Art eingebaute Kühlanlage. Wenn es allzu heiß wurde, stand der Dinosaurier im Schatten und pumpte warmes Blut in das Segel, wo es abkühlte, bevor es in den Körper zurückfloss.

KNOCHEN UNTERM MIKROSKOP
Warmblüter und Kaltblüter haben andere Wachstumsstrukturen. Unter einem Mikroskop kann man die Unterschiede an den Knochen erkennen. Paläontologen achten auch bei Dinosaurier-Knochen darauf.

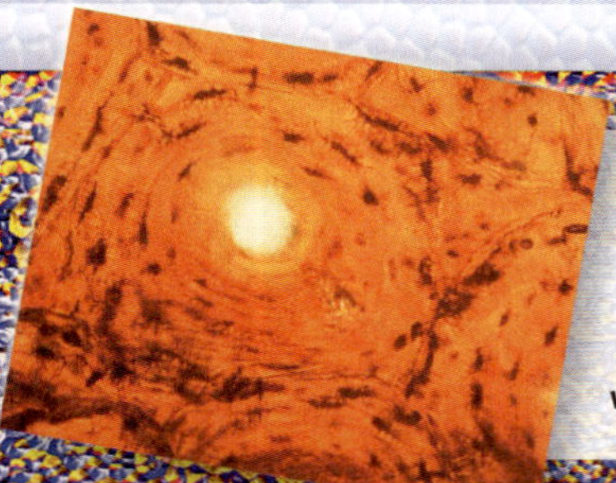

Diese Mikroskopaufnahme eines Dinosaurier-Knochens ähnelt Bildern von Säuger-Knochen. Vielleicht war dieser Dinosaurier also warmblütig wie Säugetiere.

WÖRTERBUCH

EKTOTHERM ist ein Tier, das seine Wärme von außerhalb des Körpers bezieht. Das Wort kommt von griechisch ektos: „außen". Ektotherm ist ein Fachwort für kaltblütige Tiere.

ENDOTHERM ist ein Tier, das Wärme in seinem Körper erzeugt. Endon bedeutet auf Griechisch „innen". Endotherm nennt man warmblütige Tiere.

SCHON GEWUSST?

Federn und Pelze sind weich und daher fast nie fossil erhalten. Aber in China gruben Forscher Dinosaurier-Fossilien aus und fanden kleine, fleischfressende Dinosaurier, die Federn hatten. Vielleicht waren sie warmblütig wie Vögel, und die Federn hielten sie schön warm.

WEGWEISER

- Möchtest du einen angriffslustigen Deinonychus sehen? Lies nach auf S. 28–29.
- Wie schnell waren warmblütige Dinosaurier? Lies nach auf S. 42–43.
- Warum verschwanden die Dinosaurier von der Erde? Lies nach auf S. 59.

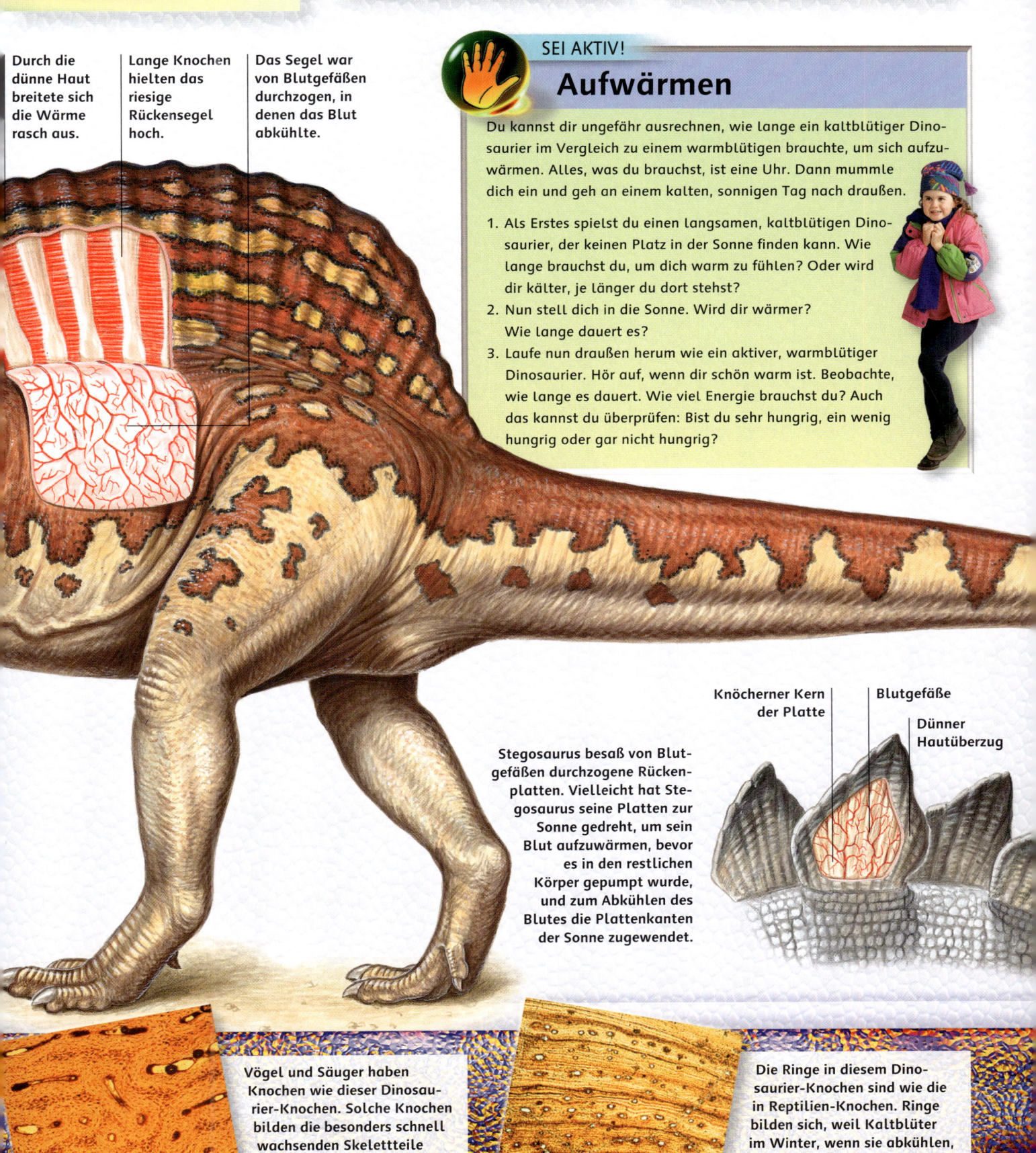

Durch die dünne Haut breitete sich die Wärme rasch aus.

Lange Knochen hielten das riesige Rückensegel hoch.

Das Segel war von Blutgefäßen durchzogen, in denen das Blut abkühlte.

SEI AKTIV!

Aufwärmen

Du kannst dir ungefähr ausrechnen, wie lange ein kaltblütiger Dinosaurier im Vergleich zu einem warmblütigen brauchte, um sich aufzuwärmen. Alles, was du brauchst, ist eine Uhr. Dann mummle dich ein und geh an einem kalten, sonnigen Tag nach draußen.

1. Als Erstes spielst du einen langsamen, kaltblütigen Dinosaurier, der keinen Platz in der Sonne finden kann. Wie lange brauchst du, um dich warm zu fühlen? Oder wird dir kälter, je länger du dort stehst?
2. Nun stell dich in die Sonne. Wird dir wärmer? Wie lange dauert es?
3. Laufe nun draußen herum wie ein aktiver, warmblütiger Dinosaurier. Hör auf, wenn dir schön warm ist. Beobachte, wie lange es dauert. Wie viel Energie brauchst du? Auch das kannst du überprüfen: Bist du sehr hungrig, ein wenig hungrig oder gar nicht hungrig?

Stegosaurus besaß von Blutgefäßen durchzogene Rückenplatten. Vielleicht hat Stegosaurus seine Platten zur Sonne gedreht, um sein Blut aufzuwärmen, bevor es in den restlichen Körper gepumpt wurde, und zum Abkühlen des Blutes die Plattenkanten der Sonne zugewendet.

Knöcherner Kern der Platte

Blutgefäße

Dünner Hautüberzug

Vögel und Säuger haben Knochen wie dieser Dinosaurier-Knochen. Solche Knochen bilden die besonders schnell wachsenden Skelettteile eines Jungtieres.

Die Ringe in diesem Dinosaurier-Knochen sind wie die in Reptilien-Knochen. Ringe bilden sich, weil Kaltblüter im Winter, wenn sie abkühlen, langsamer wachsen.

Diplodocus-Vorderfuß 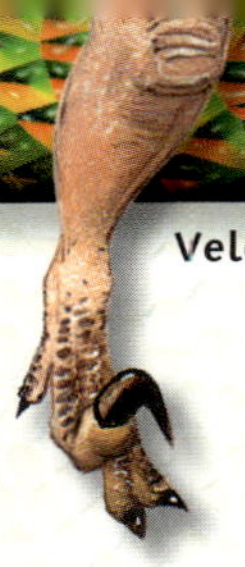 Velociraptor-Hinterfuß  Baryonyx-Arm

Überlebenskampf

Pflanzen- und Fleischfresser mussten genug Nahrung finden und dabei aufpassen, dass sie nicht selbst gefressen wurden. Sie kannten viele Verteidigungs- und Angriffsstrategien. Pflanzenfresser verließen sich auf Verteidigung. Viele besaßen Hörner, Panzer, Stacheln oder Keulenschwänze, die sie gegen Räuber einsetzten. Sauropoden wie Barosaurus hielten sich ihre Feinde allein durch ihre Körpermasse und ihre Peitschenschwänze vom Leib. Sie und viele andere Pflanzenfresser lebten in Herden. Ein Trupp des gehörnten Triceratops schlug einzelne Räuber leicht in die Flucht.

Fleischfresser zogen den Angriff vor. Um ihre Beute zu fangen und zu töten, setzten sie verschiedene Waffen und Taktiken ein. Große Theropoden wie Tyrannosaurus jagten vermutlich allein, höchstens zu zweit oder dritt, und hielten sich versteckt, bis sich die Gelegenheit zum Überfall bot. Kleinere Velociraptoren jagten und umzingelten ihre Beute in Meuten. Die meisten Fleischfresser brachten die tödlichen Wunden mit Klauen oder Zähnen bei. Ihre Verteidigungswaffen waren die gleichen wie die für den Angriff: Schnelligkeit, Überrumpelung und scharfe Zähne.

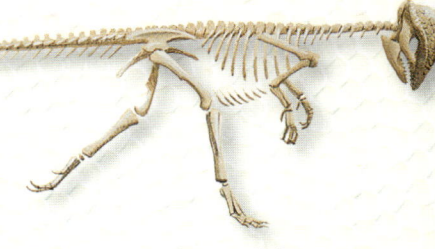

Pachycephalosaurier hatten dicke, knochige Köpfe und Skelette, die sich versteifen konnten. Dies könnte bei den Kopf-an-Kopf-Kämpfen mit Räubern oder Rivalen von Nutzen gewesen sein.

INSIDESTORY
Kampfszene

Einen spektakulären Fund machten Paläontologen 1971 in der mongolischen Wüste Gobi. Vor Jahrmillionen griff ein Velociraptor einen Protoceratops an. Ineinander verkeilt und verbissen fielen die Dinosaurier eine Sanddüne hinab. Die Düne stürzte über ihnen zusammen. Beide Tiere verendeten und blieben so erhalten, wie sie im Moment ihres Todes lagen. Als die Dinosaurier-Fossilien ausgegraben wurden, umgriff Protoceratops noch mit Zähnen und Schnabel den Arm von Velociraptor. Die dolchförmige Fußkralle von Velociraptor steckte tief im Magen von Protoceratops. Die beiden Dinosaurier waren noch im Kampf um Leben und Tod verkeilt wie vor 80 Millionen Jahren.

TARNFARBEN

Wir wissen nicht, wie Dinosaurier gefärbt waren. Aber wir wissen, in welcher Umwelt sie lebten. Wir wissen auch, dass die richtigen Farben einem Tier helfen, sich vor Feinden und Räubern getarnt zu verbergen. Die Färbung von Tieren, die heute in einer ähnlichen Umgebung leben, kann uns Hinweise auf die der Dinosaurier geben.

Coelophysis jagte schnell wie ein Tiger. Vielleicht hatte Coelophysis auch Streifen wie ein Tiger. Streifen sind eine Tarnung für ein Tier – damit seine Beute es nicht kommen sieht, bevor es zuschlägt.

WÖRTERBUCH

ANKYLOSAURUS bedeutet „Panzerdinosaurier". Sein Rücken war von der Schnauze bis zum Schwanz mit dicken Panzerplatten überzogen. Darauf saßen Reihen dicker Dornen.

PACHYCEPHALOSAURUS bedeutet „Dickkopfsaurier". Seinen Namen hat er von griechisch pachys gleich „dick" und kephalos gleich „Kopf". Dieser Dinosaurier hatte ein dickes Schädeldach.

SCHON GEWUSST?

Wie alt wurden Dinosaurier? Genau wissen wir das nicht, doch wir können sie mit heute lebenden Tieren vergleichen. Wenn Dinosaurier etwa so lange lebten wie Krokodile, könnten die größten über 300 Jahre alt geworden sein. Waren sie eher wie Elefanten, wurden die größten rund 100 Jahre alt. Kleine Dinosaurier lebten nur 5 Jahre.

WEGWEISER

- Wie jagte Velociraptor in der Meute? Lies nach auf S. 29.
- Möchtest du viele Dinosaurier mit Hörnern, Dornen, Keulen und Panzern sehen? Lies nach auf S. 36–37.
- Woher wissen Forscher, welche Farbe Dinosaurier hatten? Lies nach auf S. 56.

Ein Dromaeosaurus greift einen Lambeosaurus an. Diese beiden Skelette wurden in realistischer Stellung wie in einem Kampf auf Leben und Tod rekonstruiert.

Dieser Ankylosaurus schlägt mit seinem Schwanz nach einem angreifenden Tyrannosaurus. Ein kräftiger Hieb gegen die Knöchel mit der mächtigen Knochenkeule am Schwanzende könnte Tyrannosaurus zum Krüppel machen. Spitze Dornen und Knochenplatten schützen den Rücken von Ankylosaurus, doch ein Biss in seinen weichen Bauch mit den scharfen Reißzähnen von Tyrannosaurus würde sein Ende bedeuten.

Diplodocus hatte einen Schwanz, der fast so lang wie ein Tennisplatz war. Diplodocus nutzte ihn wie eine Peitsche, mit der er nach fressgierigen Angreifern schlug.

Tuojiangosaurus hatte einen gefährlichen Dornenschwanz. Mit einem einzigen Hieb konnte der Pflanzenfresser einen Feind übel zurichten.

Dryosaurus war ein kleiner Pflanzenfresser, der in Wäldern lebte, wie heute Hirsche. Hirsche sind im Sprenkelschatten des Waldes durch ihr geflecktes Fell getarnt. Dryosaurus hatte vielleicht auch Flecken.

Edmontosaurus lebte in Herden und zog durch die Kontinente, wie heute Antilopen. Vielleicht hat Edmontosaurus sich in den offenen Ebenen mit antilopenähnlichen Farben getarnt.

Maiasaura-Nestling    Ein Jahr alter Maiasaura    Erwachsener Maiasaura

Die nächste Generation

Dinosaurier legten Eier wie Vögel und die meisten Reptilien. Die ersten Dinosaurier-Eier wurden 1859 in Frankreich gefunden. Dann legte man 1922 Nester voller Eier in der Mongolei frei. Paläontologen dachten bisher, Dinosaurier hätten nur die Nester gebaut, die Eier hineingelegt und sich nicht weiter darum gekümmert – wie heute die meisten Schildkröten, Eidechsen und Schlangen.

Diese Denkweise änderte sich 1978, als John Horner in Montana, USA, Entenschnabeldinosaurier-Babys barg. Die Nester voller Maiasaura-Eier waren dicht nebeneinander gebaut, ließen aber genug Platz für die Elterntiere. Die Zähne der Jungtiere waren schon stark abgenutzt, und die Eischalen, aus denen sie geschlüpft waren, lagen zerbrochen herum. Das hieß, dass die Kleinen im Nest geblieben waren und ihre Eltern sie mit Futter versorgt hatten. Paläontologen fanden weitere versteinerte Eier, von riesenhaften Sauropoden ebenso wie von kleinen Fleischfressern wie Oviraptor und Troodon. Jede Dinosaurierart hatte ihre eigene Nest- und Eiform sowie bestimmte Verhaltensweisen beim Nisten. Doch die meisten ähnelten eher Vögeln als Reptilien, wenn es um die Betreuung ihrer Jungen ging.

Dieses lange, dünne Ei gehört einem Oviraptor. Die Schale weist Längsrillen auf. Vor Millionen von Jahren wurde es irgendwie zerdrückt und versteinerte.

An diesem Hühnerei kann man sehen, wie groß Dinosaurier-Eier waren.

Dieses rundliche Ei hat eine körnige Oberfläche. Vermutlich gehörte es zu einem Pflanzenfresser.

INSIDESTORY

Der Eiermann

Als der Paläontologe John Horner in einem Laden im Bundesstaat Montana das Fossil eines Dinosaurier-Jungtiers fand, ließ er sich an den Fundort der Knochen führen. Mit seinem Team legte er ein Nest voller zerdrückter Eierschalen und mit 15 jeweils 1 m langen Entenschnabeldinosaurier-Babys frei. Später fand das Team eine ganze Brutkolonie mit 15 Nestern voller Maiasaura-Eiern und Jungtieren – und damit den Beweis, dass Dinosaurier ihre Jungen fürsorglich groß zogen. Außerdem fand Dr. Horner Nester und Eier von Orodromeus. Diese Babys brauchten weniger Fürsorge als die kleinen Maiasaurier. Sein Forschungsteam fand über 500 Dinosaurier-Nester sowie eine Herde von 10 000 Dinosauriern, die bei einem Vulkanausbruch umkamen. Er sucht dort immer noch weiter.

Eine Oviraptor-Mutter kehrt zu ihren hungrigen Jungtieren zurück. Sie bringt einen erbeuteten Velociraptor. Oviraptor bedeutet „Eierdieb", weil das erste Oviraptor-Fossil neben einem Nest mit Eiern gefunden wurde. Wissenschaftler glaubten zunächst, dass der Oviraptor die Eier gestohlen hatte. Heute weiß man, dass das Nest dem Oviraptor gehörte. Das Muttertier verzehrte die Eier nicht, sondern bebrütete sie.

DEN EI-CODE KNACKEN

Dinosaurier legten ihre Eier auf verschiedene Weise ab. Einige kleine Fleischfresser legten Eier paarweise in geradlinigen Reihen ab. Gewöhnlich waren die Eier halb im Nest vergraben.

Sauropoden legten ihre Eier im Bogen ab. Sie legten das erste Ei, bewegten dann ihre Hinterbeine etwas weiter (ihre Vorderbeine blieben immer an der gleichen Stelle), um das nächste Ei zu legen, und so weiter. Sie haben wohl keine Nester gebaut.

WÖRTERBUCH

Der Name **MAIASAURA** meint „gute Mutter Echse" und wurde einem Dinosaurier verliehen, der seine Jungen gut versorgte. Maiasaura ist einer von nur 2 weiblichen Dinosaurier-Namen – zu erkennen an der Endung -saura. Mit -saurus wäre es ein männlicher Name.

Der andere weibliche Dinosaurier-Name ist **LEAELLYNASAURA**. Er kommt von Leaellyn, der Tochter des Paläontologen-Paares, das den Dinosaurier fand.

SCHON GEWUSST?

Manche Dinosaurier waren riesig – aber sie legten keine Rieseneier. Das größte, je gefundene Dinosaurier-Ei war fußballgroß. Das Tier, das aus dem Ei schlüpfte, wurde größer als ein Lastwagen. Das größte je gefundene Ei gehörte keinem Dinosaurier, sondern einem Vogel! Der ausgestorbene Elefantenvogel aus Madagaskar legte Eier mit 1 m Umfang.

WEGWEISER

- Was hinterließen Dinosaurier außer Eiern und Nestern? Lies nach auf S. 48–49.
- Welcher nahe Verwandte der Dinosaurier schlüpft auch aus einem Ei? Lies nach auf S. 60–61.

Amnionhülle · Chorion · Eischale · Dottersack · Allantois

Der sich entwickelnde Dinosaurier-Embryo lag geschützt in einer Amnionhülle, die mit einer salzigen Flüssigkeit gefüllt war. Der Embryo wurde aus dem Dottersack ernährt. Die Eischale war von einer Chorion genannten Membran ausgekleidet, die das Austrocknen des Inneren verhinderte. Harn und Abfallstoffe sammelten sich im Allantois.

Pflanzenfressende Hadrosaurier scharrten eine Mulde in den Boden. Zum Ausbrüten häuften sie Pflanzenmaterial in dem Nest an. Dann legten sie die Eier in einer Spirale ab, die das Nest ausfüllte.

Man weiß nicht, welcher Dinosaurier diese Art von Nest baute, weil in keinem der Eier ein Embryo gefunden wurde. Die Eier lagen alle durcheinander. Einige steckten zum Teil im Sand.

Dimorphodon

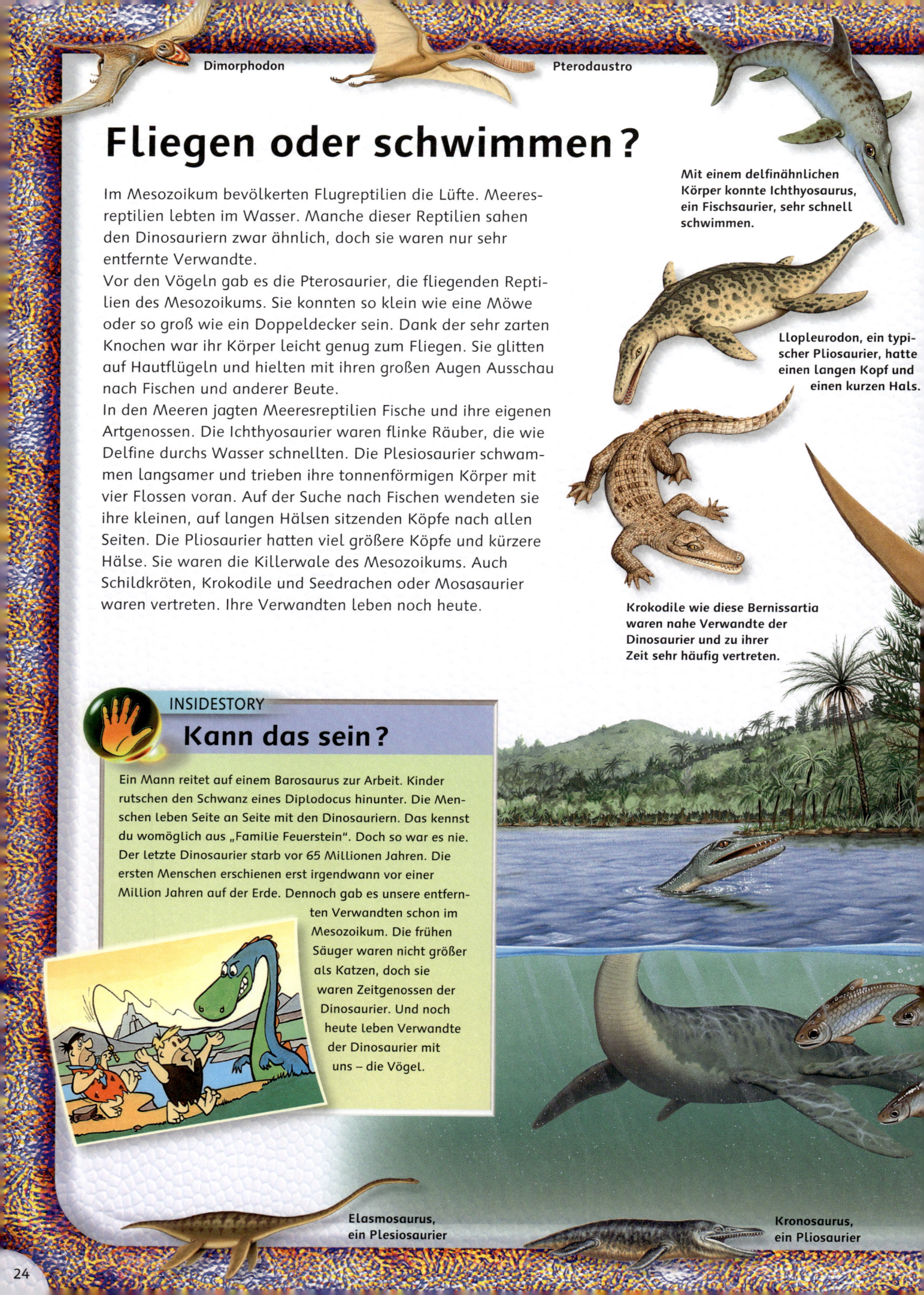

Pterodaustro

Fliegen oder schwimmen?

Im Mesozoikum bevölkerten Flugreptilien die Lüfte. Meeresreptilien lebten im Wasser. Manche dieser Reptilien sahen den Dinosauriern zwar ähnlich, doch sie waren nur sehr entfernte Verwandte.

Vor den Vögeln gab es die Pterosaurier, die fliegenden Reptilien des Mesozoikums. Sie konnten so klein wie eine Möwe oder so groß wie ein Doppeldecker sein. Dank der sehr zarten Knochen war ihr Körper leicht genug zum Fliegen. Sie glitten auf Hautflügeln und hielten mit ihren großen Augen Ausschau nach Fischen und anderer Beute.

In den Meeren jagten Meeresreptilien Fische und ihre eigenen Artgenossen. Die Ichthyosaurier waren flinke Räuber, die wie Delfine durchs Wasser schnellten. Die Plesiosaurier schwammen langsamer und trieben ihre tonnenförmigen Körper mit vier Flossen voran. Auf der Suche nach Fischen wendeten sie ihre kleinen, auf langen Hälsen sitzenden Köpfe nach allen Seiten. Die Pliosaurier hatten viel größere Köpfe und kürzere Hälse. Sie waren die Killerwale des Mesozoikums. Auch Schildkröten, Krokodile und Seedrachen oder Mosasaurier waren vertreten. Ihre Verwandten leben noch heute.

Mit einem delfinähnlichen Körper konnte Ichthyosaurus, ein Fischsaurier, sehr schnell schwimmen.

Llopleurodon, ein typischer Pliosaurier, hatte einen langen Kopf und einen kurzen Hals.

Krokodile wie diese Bernissartia waren nahe Verwandte der Dinosaurier und zu ihrer Zeit sehr häufig vertreten.

INSIDESTORY
Kann das sein?

Ein Mann reitet auf einem Barosaurus zur Arbeit. Kinder rutschen den Schwanz eines Diplodocus hinunter. Die Menschen leben Seite an Seite mit den Dinosauriern. Das kennst du womöglich aus „Familie Feuerstein". Doch so war es nie. Der letzte Dinosaurier starb vor 65 Millionen Jahren. Die ersten Menschen erschienen erst irgendwann vor einer Million Jahren auf der Erde. Dennoch gab es unsere entfernten Verwandten schon im Mesozoikum. Die frühen Säuger waren nicht größer als Katzen, doch sie waren Zeitgenossen der Dinosaurier. Und noch heute leben Verwandte der Dinosaurier mit uns – die Vögel.

Elasmosaurus, ein Plesiosaurier

Kronosaurus, ein Pliosaurier

WÖRTERBUCH

Plesio bedeutet „nahe", daher heißt **PLESIOSAURIER** „nahe einer Echse". Die Gruppe erhielt ihren Namen, weil man früher glaubte, Plesiosaurier seien eng verwandt mit Krokodilen.

Ptero bedeutet „Flügel". **PTEROSAURIER**, also „geflügelte Echse", ist der Name einer Reptiliengruppe, die fliegen konnte.

SCHON GEWUSST?

Quetzalcoatlus war ein Pterosaurier, das größte Tier, das jemals flog. Er hatte eine Flügelspannweite von 14 m. Das ist mehr als die Spannweite vieler kleiner Flugzeuge! Vermutlich schlug Quetzalcoatlus seine Hautflügel nicht auf und nieder, sondern spannte sie weit aus und segelte dann wie ein Gleiter auf Luftströmungen.

WEGWEISER

- Warum ist ein Plesiosaurier kein Dinosaurier? Lies nach auf S. 8–9.
- Vögel haben sich nicht aus Pterosaurieren entwickelt. Von wem stammen sie ab? Lies nach auf S. 60–61.

GLEICHZEITIGE EVOLUTION

Im Mesozoikum lebten noch andere Tiere neben den vorherrschenden Dinosauriern.

Pachyrhachis gehörte zu den ersten Schlangen. Es lebte in der Kreidezeit dort, wo heute Israel liegt. Schlangen und Eidechsen entwickelten sich im Mesozoikum.

Das Fossil von Rhamphorhynchus zeigt, wie leicht gebaut die Körper der Pterosaurier waren. Zu erkennen sind auch die Hautflügel, die sich von seinem Körper bis ganz zur Spitze seines unglaublich langen vierten Fingers spannen.

Während viele Insektengruppen bereits entstanden waren, erschienen kleine Falter und in Staaten lebende Bienen erst mit den Dinosauriern.

Ein Scaphognathus stößt im späten Jura auf einen Schwarm Pholidophorus-Fische hinunter, dem auch der 4 Meter lange Plesiosaurier Cryptoclidus nachjagt. Das Ende des langen Schwanzes von Scaphognathus war wie ein Blatt geformt. Vermutlich diente es als Ruder, mit dem Scaphognathus durch die Lüfte steuerte. Noch heute findet man Fossilien dieser Tiere in Gesteinen im Süden Englands.

Warmblütige Säugetiere entwickelten sich im Zeitalter der Dinosaurier. Doch zu jener Zeit blieben sie klein, wie Alphadon oben.

Archelon, eine Schildkröte

Platecarpus, ein Mosasaurier

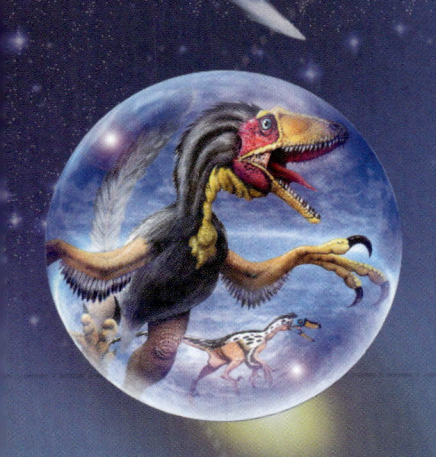

Parade der Dinosaurier

In diesem Kapitel kannst du die vielen Dinosaurier kennen lernen, die im Mesozoikum die Herren der Welt waren. Als Erstes kommen die Fleischfresser, die in der Dinosaurierwelt brutal Jagd auf Beute machten. Dann sieh dir all die verschiedenen Pflanzenfresser an – einige mit langen Hälsen, andere mit seltsamen Kopfaufsätzen oder Stacheln, Keulen und Panzerplatten. Mach dich vertraut mit den größten und den kleinsten, bevor du zu den fressgierigsten und schnellsten aller Dinosaurier kommst.

Seite **28**
Was verspeisten Fleischfresser außer anderen Dinosauriern?
Lies nach bei **Die Fleischfresser**.

Seite **30**
Was verrät uns dieser Schädel über die Nahrung seines Besitzers?
Lies nach bei **Die Pflanzenfresser**.

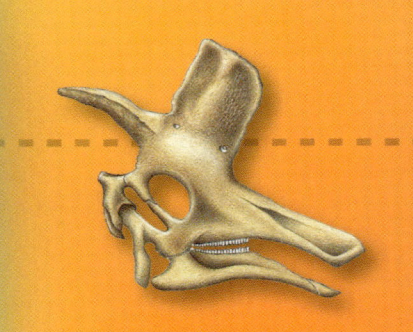

Seite **32**
Dies ist ein junger Barosaurus. Wie groß war er im Vergleich zu seiner Mutter?
Lies nach bei **Die Langhälse**.

Seite **34**
Wie kämpften Panzerschädel-Dinosaurier wie Stygimoloch?
Lies nach bei **Die Dickköpfe**.

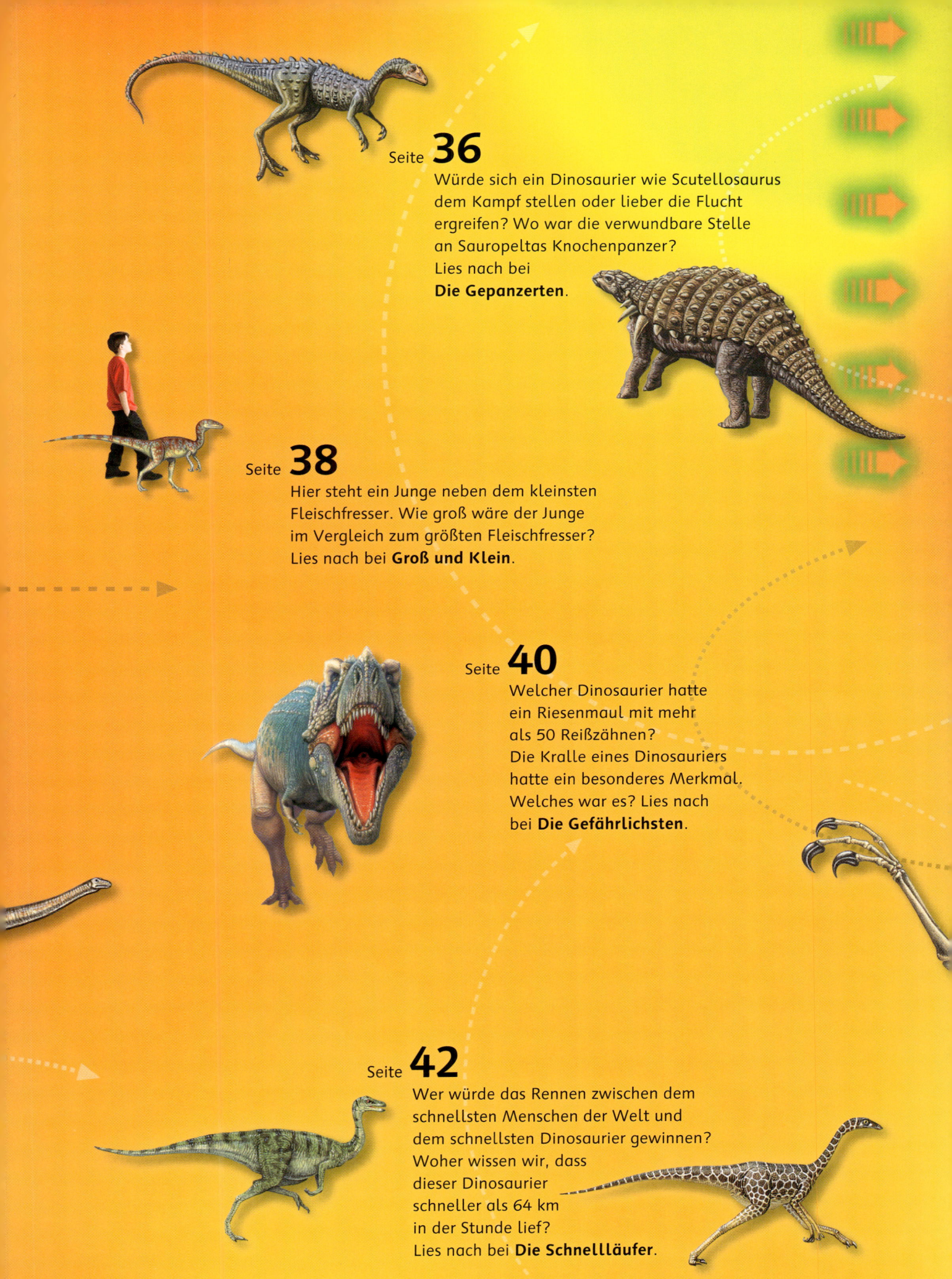

Seite **36**
Würde sich ein Dinosaurier wie Scutellosaurus dem Kampf stellen oder lieber die Flucht ergreifen? Wo war die verwundbare Stelle an Sauropeltas Knochenpanzer?
Lies nach bei **Die Gepanzerten**.

Seite **38**
Hier steht ein Junge neben dem kleinsten Fleischfresser. Wie groß wäre der Junge im Vergleich zum größten Fleischfresser?
Lies nach bei **Groß und Klein**.

Seite **40**
Welcher Dinosaurier hatte ein Riesenmaul mit mehr als 50 Reißzähnen? Die Kralle eines Dinosauriers hatte ein besonderes Merkmal. Welches war es? Lies nach bei **Die Gefährlichsten**.

Seite **42**
Wer würde das Rennen zwischen dem schnellsten Menschen der Welt und dem schnellsten Dinosaurier gewinnen? Woher wissen wir, dass dieser Dinosaurier schneller als 64 km in der Stunde lief?
Lies nach bei **Die Schnellläufer**.

Tarbosaurus-Schädel

Dromiceiomimus-Schädel

Die Fleischfresser

Fleischfressende Dinosaurier waren heimtückische Tötungsmaschinen. Ihre Körper eigneten sich hervorragend zum Ergreifen und Töten ihrer Beute. Auf ihren kräftigen Hinterbeinen nahmen sie die Verfolgungsjagd auf. Manche packten die Beute mit den Händen. Kam es zum Kampf, bohrten sich die großen Sichelkrallen an Händen und Füßen in das Opfer. Den Todesstoß versetzten die meisten fleischfressenden Dinosaurier mit ihren mörderischen Zähnen.

Auf der Nahrungssuche beherrschten fleischfressende Theropoden die Dinosaurierwelt. Manche fraßen andere Dinosaurier, meist Pflanzenfresser, andere bevorzugten kleine Säuger, Eidechsen oder Insekten. Die Ernährungsweise der Dinosaurier hing weitgehend von ihrer Größe ab. Theropoden wie Tyrannosaurus und Allosaurus wurden so groß wie Busse. Sie jagten allein, zu zweit oder dritt, indem sie Pflanzenfresserherden umschlichen, bis sie ein schwaches Tier ausmachten. Andere Theropoden wie Compsognathus waren kaum hühnergroß und terrorisierten ihre Umwelt trotzdem. Deinonychus und Velociraptor jagten vermutlich in Rudeln.

Fleischfresser kauten so viel auf Fleisch und Knochen herum, dass ihnen andauernd Zähne abbrachen oder ausfielen. Doch stets wuchsen neue, scharfe Zähne nach. An diesem Theropoden-Kiefer sieht man, wie neue Zähne nachwachsen.

Deinonychus tritt nach einem Opfer. Mit der Dolchkralle an seinem Hinterfuß schlitzte er den Bauch des Tieres auf. Mit den ebenfalls krallenbewehrten Händen hielt er das Opfer fest, während er Stücke aus ihm herausbiss. Deinonychus hatte vielleicht Federn, aber nicht zum Fliegen, sondern zum Warmhalten. Aus solchen Dinosauriern entwickelten sich die Vögel.

SEI AKTIV!
Heutige Fleischfresser

Wie sehen die Fleischfresser in deiner Nachbarschaft aus? Hunde und Katzen haben einiges mit fleischfressenden Dinosaurier gemeinsam. Das kannst du vor allem an ihren Zähnen, Beinen und Krallen erkennen. Viele Hunde können auf ihren langen Beinen schnell hinter ihrer Beute herlaufen. Sie haben vorn im Maul messerscharfe Zähne. Damit halten sie das Opfer fest, während sie mit den hinteren Zähnen das Fleisch zerreißen. Hunde, die du kennst, holen sich ihr Futter sicherlich nicht so, aber Hunde in freier Wildbahn, wie zum Beispiel Wölfe, tun das noch heute. Katzen haben ähnliche Zähne wie Hunde und benutzen sie auch fast auf die gleiche Weise. Außerdem haben sie scharfe Krallen an den Pfoten, mit denen sie ihre Beute greifen und festhalten. Viele Hundekrallen sind anders, weil Hunde sie nicht zum Töten benutzen.

Troodon

Daspletosaurus

Carnosaurier-Zähne hatten gebogene Ränder, die gezackt waren. Die Zacken sind deutlich am Troodon-Zahn oben zu erkennen. Die Daspletosaurus-Zähne haben auch Zacken, sie sind aber zu klein, als dass man sie sehen könnte.

Ornitholestes-Schädel

Dromaeosaurus-Schädel

WÖRTERBUCH

Fachwörter für Fleischfresser, Pflanzenfresser oder Allesfresser:
CARNIVORE ist das Fremdwort für „Fleischfresser". Carni heißt „Fleisch".
HERBIVORE ist das Fremdwort für Pflanzenfresser. Herbi heißt „Pflanze".
OMNIVORE ist das Fremdwort für „Allesfresser". Omni heißt „alles", also sowohl Fleisch als auch Pflanzen.

SCHON GEWUSST?

In den meisten Familien gibt es Sonderlinge. Theropoden hatten Carnotaurus. Der 7,6 m lange Raubsaurier hatte ein Gesicht wie eine Bulldogge und über jedem Auge ein Paar Hörner. Seine Stummelarme können kaum von Nutzen gewesen sein. Seine Haut war mit Beulen übersät. Wissenschaftler versuchen herauszufinden, was dieses Geschöpf aus der späten Kreide tat und wie es einzuordnen ist.

WEGWEISER

- Welches war der größte Fleischfresser? Welcher der kleinste? Lies nach auf S. 38–39.
- Welche Dinosaurier waren die schrecklichsten? Lies nach auf S. 40–41.
- Welche Raubsaurier liefen mit einer Geschwindigkeit von 80 km pro Stunde? Lies nach auf S. 42.

ESSWERKZEUGE

Compsognathus war ein kleiner Coelurosaurier, der mit seinen Händen Eidechsen fing und fraß. Mit seinen Schneidezähnen zerschnitt er das Fleisch, kaute es aber kaum.

Die Zähne von Tyrannosaurus waren messerscharf und fast 15 cm lang. Damit konnte er weder schneiden noch kauen. Tyrannosaurus riss sich Fleischstücke heraus und verschluckte sie unzerkaut.

Manche Theropoden hatten keine Zähne. Stattdessen besaßen sie scharfe Schnäbel, mit denen sie sich ihr Futter holten. Gallimimus schnappte offensichtlich nach Insekten, kleinen Tieren oder Eiern, die er im Ganzen verschluckte.

INSIDESTORY
Jagd im Rudel

Eine Meute von Velociraptoren zieht durch den Wald. Jeder Velociraptor ist etwa so groß wie eine Ziege. Als sie einen viel größeren Pinacosaurus ausmachen, rennen sie los. Der Pinacosaurus beschleunigt, aber die Velociraptoren haben ihn bald eingeholt. Ein paar der kleineren springen ihn an und hacken nach ihm. Als der Pinacosaurus erschöpft innehält, umzingelt ihn das Rudel. Die stärksten Velociraptoren springen ihn an, während die anderen von hinten angreifen, auf seinen Rücken hüpfen, ihre Krallen mit aller Wucht in ihn schlagen und zurückspringen, wenn er mit dem Schwanz um sich schlägt. Doch am Ende gibt der Pinacosaurus auf. Als ein Velociraptor ihm den Bauch aufschlitzt, sinkt er zu Boden und ist tot. So war es wohl, wenn Velociraptoren im Rudel jagten.

Velociraptor

Ceratosaurus-Schädel

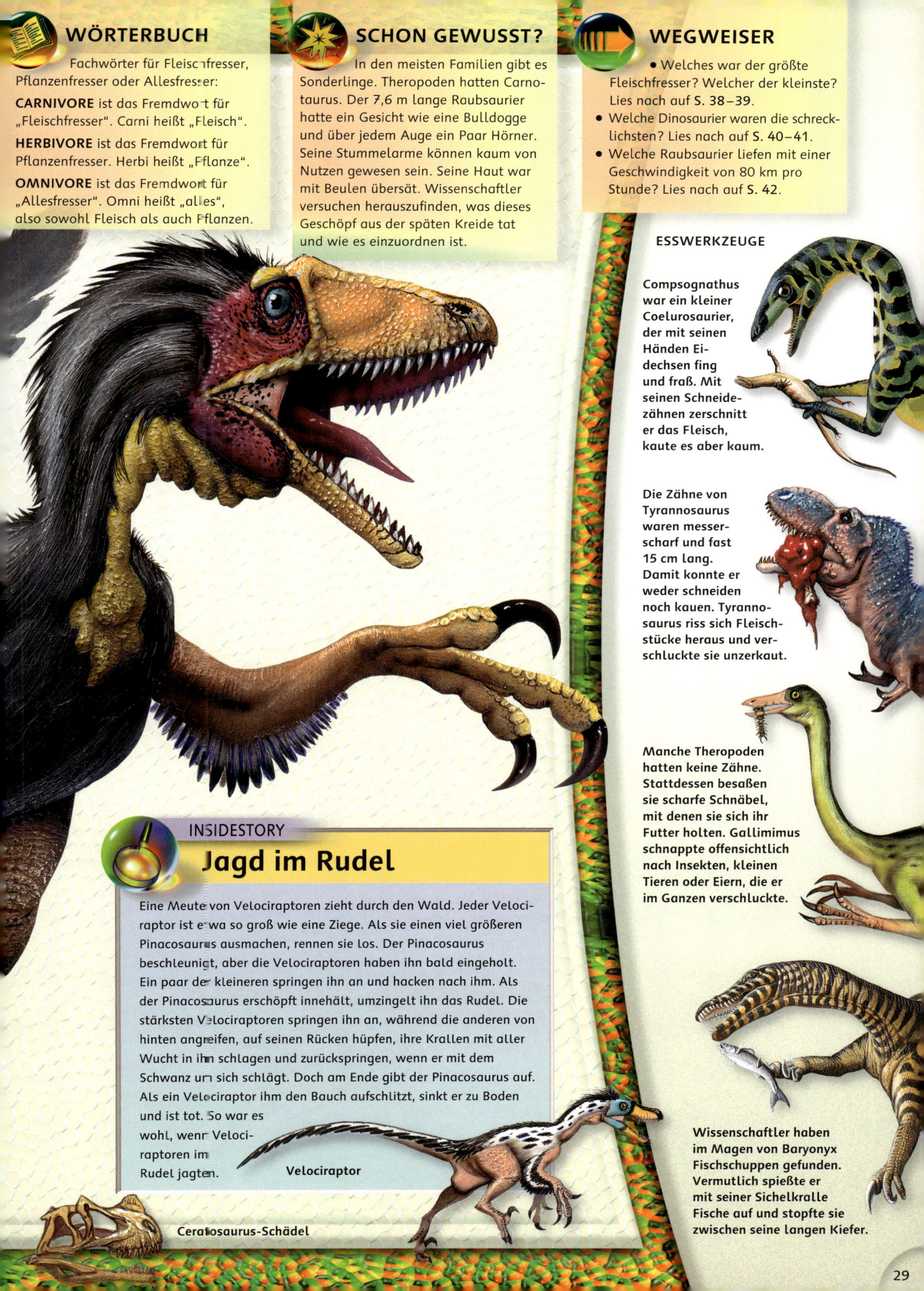

Wissenschaftler haben im Magen von Baryonyx Fischschuppen gefunden. Vermutlich spießte er mit seiner Sichelkralle Fische auf und stopfte sie zwischen seine langen Kiefer.

Nadelholzzapfen-Fossil  Ginkgo-Fossil  Palmfarn-Fossil

Die Pflanzenfresser

Es gab Hunderte, wenn nicht Tausende von pflanzenfressenden Dinosauriern – die meisten Dinosaurier gehörten dazu. Allerdings waren Pflanzen nicht so nahrhaft wie Fleisch. Doch im warmen, feuchten Mesozoikum gediehen Pflanzen so üppig, dass Dinosaurier reichlich Auswahl hatten.
Nicht alle Pflanzenfresser ernährten sich gleich. Das hing davon ab, an welche Pflanzen sie herankamen und mit welchen ihre Mäuler, Zähne und Mägen fertig wurden. Kleine Pflanzenfresser wie Heterodontosaurus und Hypsilophodon holten sich von niedrigen Palmfarnen und Baumfarnen die jungen Blätter und Samen. Hadrosaurier und Ceratopsier, wie Corythosaurus und Triceratops, besaßen Zahnreihen und Kaumuskeln. Sie zermalmten die zähen Blätter von Palmfarnen und Baumfarnen und überließen ihrem Verdauungssystem den Rest. Die riesigen Sauropoden wie Diplodocus reckten ihre langen Hälse bis in die Wipfel der Nadelbäume. Sie schluckten das Grünzeug unzerkaut hinunter und verarbeiteten es dann in ihren Mägen zu einem nahrhaften Brei.

Geöffnetes Maul    **Geschlossenes Maul**

Wenn ein Ornithopode wie Iguanodon sein Maul zum Kauen schloss, rutschte sein Oberkiefer nach außen. Die Zähne im Oberkiefer und die Zähne im Unterkiefer rieben dann gegeneinander. Was an Futter dazwischen geriet, wurde wie Möhren in einer Reibe zerkleinert.

INSIDESTORY
Sensationell

Stell dir vor, du fändest die Überreste des größten Tieres, das jemals lebte. Das passierte dem amerikanischen Paläontologen David Gillette, als er Seismosaurus entdeckte. Dieser Sauropode war vermutlich 42,7 m lang und lebte vor 150 Millionen Jahren. Er war so groß, dass Gillette und sein Forschungsteam acht Jahre brauchten, um ihn auszugraben. Immer noch könnten Knochen an der Fundstelle in New Mexico, USA, verborgen sein. Bei den Ausgrabungsarbeiten fand das Team 231 Gastrolithen oder Magensteine im Brustkorb des Seismosaurus. Er hatte die Steine als Verdauungshilfen geschluckt. Die meisten waren etwa so groß wie ein Pfirsich, aber einer hatte die Größe einer Pampelmuse. David Gillette glaubt, dass dieser große Gastrolith in der Kehle des Tieres stecken blieb, sodass es erstickte.

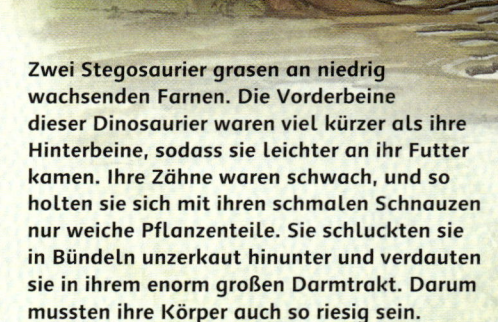

Zwei Stegosaurier grasen an niedrig wachsenden Farnen. Die Vorderbeine dieser Dinosaurier waren viel kürzer als ihre Hinterbeine, sodass sie leichter an ihr Futter kamen. Ihre Zähne waren schwach, und so holten sie sich mit ihren schmalen Schnauzen nur weiche Pflanzenteile. Sie schluckten sie in Bündeln unzerkaut hinunter und verdauten sie in ihrem enorm großen Darmtrakt. Darum mussten ihre Körper auch so riesig sein.

ZÄHNE, MÄULER, SCHNÄBEL
Die Art der Zähne und die Form des Mauls oder Schnabels sagen viel über den Pflanzenfresser und seine Ernährungsweise aus. Nicht alle Pflanzenfresser fraßen das Gleiche oder auf die gleiche Weise. Manche zupften oder schnitten ihr Futter ab. Andere zerrieben und zermalmten es. Wieder andere verschluckten es im Ganzen.

Plateosaurus hatte kleine, schwache Zähne, mit denen er wie mit einer Schere zartes Blattgrün abschnitt. Er konnte nicht kauen und würgte die Grünkost im Ganzen hinunter.

Lambeosaurus pflückte Blätter und Früchte mit seinem Hornschnabel ab und zermahlte sie, bevor er sie hinunterschluckte. Abgenutzte Zähne ersetzte er ständig durch neue.

WÖRTERBUCH

Don heißt auf Latein „Zahn" und bildet viele Dinosauriernamen.

HETERODONTOSAURUS heißt „der Saurier mit den vielfältigen Zähnen" – er hatte drei Arten von Zähnen.

IGUANODON heißt „Leguanzahn". Sein Gebiss hatte Ähnlichkeit mit einer Leguanart aus Südamerika, dem Iguana.

SCHON GEWUSST?

Pflanzenfressende Dinosaurier verspeisten Palmfarne, Bärlappe, Ginkgo-Blätter, Koniferennadeln, Farne und sogar Blüten. Nur Gras können sie nicht gegessen haben – weil es noch keines gab! Die ersten Gräser erschienen erst im Eozän, rund 25 Millionen Jahre, nachdem der letzte Dinosaurier gestorben war.

WEGWEISER

- Wie sah die Pflanzennahrung der Dinosaurier aus? Lies nach auf S. 13.
- Möchtest du andere wie Stegosaurus gepanzerte Pflanzenfresser sehen? Lies nach auf S. 36–37.
- Wie lang war der längste pflanzenfressende Dinosaurier? Wie klein war der kleinste? Lies nach auf S. 38–39.

Hadrosaurs hatten Reihen mit Hunderten winziger Zähne.

Die langhalsigen Sauropoden konnten ihr Futter nicht mit ihren Zähnen zerkleinern. Darum verschluckten sie Gastrolithen genannte Steine. Die Gastrolithen bewegten die Pflanzennahrung im Magen des Dinosauriers hin und her und halfen, sie zu zerkleinern.

Protoceratops besaß einen Papageienschnabel, mit dem er das Laub von den Bäumen abknabberte. Mit Schneidezähnen in seinem hinteren Maul zerschnitt er es dann zu Brei.

Heterodontosaurus besaß drei Arten von Zähnen: scharfe Schneidezähne vorne im Maul, zwei Paar spitze Eckzähne – und ganz hinten im Maul breitere Zähne zum Zerkleinern harter Kost.

Brachiosaurus hatte meißelartige Zähne. Damit zupfte er weiche Blätter von den Bäumen. Sie taugten aber nicht dazu, das Futter vor dem Schlucken zu zerbeißen.

31

Gabelknochen   Halswirbel   Daumenklaue

Die Langhälse

Die langhalsigen Dinosaurier waren die größten, schwersten und längsten Tiere, die je auf Erden lebten. Der massigste von allen, Seismosaurus, wurde bis zu 42,7 m lang und wog so viel wie zehn Elefanten. Sein Name bedeutet „Erdbebenechse". Alle Sauropoden hatten unglaublich lange Hälse mit winzigen Köpfen. Zur Verteidigung dienten ihnen lange Schwänze, die manche wie Peitschen schwangen. Dazwischen stand ihr dicker Tonnenkörper auf vier stämmigen Beinen. Die Hinterbeine von Sauropoden wie Diplodocus und Barosaurus waren länger als ihre Vorderbeine. Vermutlich richteten sie sich auf ihren Hinterbeinen auf, um an die höchsten Bäume zu gelangen oder auch um Raubsaurier abzuwehren. Die Vorderbeine von Brachiosaurus waren länger als seine Hinterbeine, damit konnte er seinen langen Hals noch höher in die Bäume strecken.
Die größten Langhälse unter den Dinosauriern gab es im Jura. Sie fanden reichlich Futter in Nadelwäldern und Farnhainen. Manche zogen in Herden umher, um ihren Nachwuchs besser zu schützen. Die meiste Zeit verbrachten sie mit Fressen.

Dieses Mamenchisaurus-Skelett wurde in China gefunden und ist in der Hauptstadt Beijing ausgestellt. Der Hals des Dinosauriers war verhältnismäßig leicht, weil einige Knochenteile so dünn wie Eischalen waren. Das riesige Fossil wird durch ein Metallgestell gehalten.

Den Rekord hält Mamenchisaurus mit einem 10,6 m langen Hals, der etwa halb so lang wie sein ganzer Körper war. Mit einem solchen Hals hätte er durch die Fenster im vierten Stock eines Gebäudes blicken können. Verglichen mit den Sauropoden nimmt sich ein Giraffenhals mit gerade 2 m Länge und 7 Halswirbeln mickrig aus. Sauropoden hatten 12 bis 19 Halswirbel!

INSIDESTORY
Dinosaurier-Friedhof

Vor 150 Millionen Jahren war die Gegend eine Sandbank. Kadaver von Dinosauriern wurden flussabwärts gespült und hier abgelagert. Heute ist das „Dinosaur National Monument", ein großer Dinosaurier-Friedhof im US-Bundesstaat Colorado, unter Schutz gestellt. Dort können Besucher Hunderte von Knochen sehen, die Dutzenden von Dinosaurierarten gehörten, darunter langhalsigen Dinosauriern wie Camarasaurus, Barosaurus, Apatosaurus und Diplodocus. Sie können die Werkstätten besuchen, Paläontologen beim Präparieren der Fossilien über die Schulter gucken, Skelette und Modelle sowie die Felswand mit den Knochenansammlungen besichtigen.

Der Mamenchisaurus hatte den längsten Hals aller uns bekannten Tiere.

Ein langer Peitschenschwanz hielt den langen Hals wie eine Wippe im Gleichgewicht.

Die Beine waren gerade und stark wie Säulen.

Der gewölbte Brustkasten schützte die inneren Organe.

Dicke Schulterblätter waren mit den Vorderbeinen am Körper befestigt

WÖRTERBUCH

BRONTOSAURUS – ein anderer Name für Apatosaurus – heißt „Donnerechse". Der vierfüßige Gigant muss beim Gehen ein donnerndes Geräusch verursacht haben.

BRACHIOSAURUS ist einer der wenigen Dinosaurier, deren Vorderbeine länger als die Hinterbeine waren. Der Name bedeutet „Armechse".

SCHON GEWUSST?

Es gibt Fußabdrücke von einem Apatosaurus, der Handstand machte! Jedenfalls sieht es so aus, weil die Spuren nur von seinen beiden Vorderfüßen stammen. Tatsächlich glauben Forscher, dass der Apatosaurus im Wasser schwamm und sich dabei nur mit den Vorderfüßen abstieß.

WEGWEISER

- Möchtest du sehen, wie ein Barosaurus einen Allosaurus in die Flucht schlägt? Lies nach auf S. 12–13.
- Wenn Sauropoden nicht kauten, wie fraßen sie dann? Lies nach auf S. 30–31.
- Wer baut ein Dinosaurier-Skelett zusammen? Lies nach auf S. 54–55.

SEI AKTIV!
Den Kopf hoch tragen

Warum hatte ein Sauropode einen Hals so lang wie ein Telegrafenmast, aber einen Kopf so klein wie der eines Pferdes? Mach diesen Versuch mit ein paar Kartoffeln.

1. Nimm eine Kartoffel und halt sie mit ausgestreckter Hand nach vorne. Stell dir vor, der Arm sei der lange Hals eines Sauropoden und die Kartoffel sein Kopf. Du solltest sie eine Weile halten können.
2. Nun fülle mehrere Kartoffeln in einen Beutel und halte diesen ausgestreckt. Tu noch ein paar Kartoffeln dazu. Je schwerer der Beutel ist, desto schwieriger ist er zu halten. Deswegen brauchten Sauropoden kleine, leichte Köpfe – damit sie sie möglichst hoch heben konnten.

Diplodocus hatte einen ebenso langen Hals wie Brachiosaurus – rund 6,4 m. Wenn er nicht graste, hielt er seinen Hals nach vorn ausgestreckt.

Die heutige Giraffe hat einen 2 m langen Hals. Im Vergleich zu den Sauropoden wirkt sie klein.

Brachiosaurus trug seinen 6,4 m langen Hals hoch aufgerichtet. Seine Vorderbeine waren länger als seine Hinterbeine, sodass er aus 12 m Höhe auf die Welt blickte.

Vier große Füße, ähnlich denen von Elefanten, mussten das Gewicht eines riesigen Sauropoden tragen. Sie liefen auf ihren Zehen, genau wie Elefanten.

SKELETT EINES RIESEN
Das Skelett gehört zu Barosaurus, einem Sauropoden, der 27 m lang wurde. Früher glaubten Wissenschaftler, Sauropoden seien zu schwer gewesen, um an Land zu laufen. Heute wissen wir, dass ihr Skelett Hohlräume enthielt, dank denen sie weniger wogen und dennoch stark waren.

Die Nackenwirbel hatten Hohlräume, damit sie leichter waren.

Der kleine Kopf war leicht hoch zu halten.

Ein junger Barosaurus

Shantungosaurus   Kritosaurus   Homalocephale

Die Schädel

Dinosaurier hatten gegen Ende der Kreidezeit recht eigenartig geformte Köpfe. Manche trugen Knochenkämme, Hörner oder Wülste. Das waren die Hadrosaurier, wegen ihrer abgeflachten Schnauze auch Entenschnabel-Dinosaurier genannt. Sie zogen in riesigen Herden durch Asien und Amerika. Obwohl eng verwandt, sahen sie sehr verschieden aus. Manche benutzten ihren Kopfauswuchs vielleicht wie Trompeten oder Hörner. Anderen diente er womöglich als hochsensibles Geruchsorgan.
Die Pachycephalosaurier oder Dickkopfsaurier besaßen ebenfalls ungewöhnliche Köpfe. Ihre dicken Schädeldächer waren wie Sturzhelme. Vielleicht fochten Dickkopfsaurier Revierkämpfe aus, indem sie ihre Köpfe gegeneinander rammten. Beim Aufprall schützte die dicke Knochenschicht das winzige Gehirn.
Die Hadrosaurier gingen auf zwei Beinen, grasten aber auf allen vieren. Die Dickkopfsaurier waren Zweibeiner. Entenschnabel- wie auch Dickkopfsaurier aßen eine Vielfalt von Pflanzen, was einigen Arten dazu verhalf, bis zum Ende der Dinosaurierzeit zu überleben.

Der Knochenkamm von Parasaurolophus war von Hohlräumen durchzogen und verlief von seiner Schnauze bis weit über seinen Kopf. Die Schnauzenspitze war ein zahnloser Schnabel, der an einen Entenschnabel erinnerte.

Dieser Pachycephalosaurus-Schädel lässt die dicke Knochenschicht erkennen, die wie ein Helm auf dem Dinosaurierkopf saß. Das Gehirn war darunter gut geschützt, wenn bei Kämpfen die Schädel aneinander knallten. Auf der Nase sitzen auch ein paar knöcherne Dornen.

Zwei sehr unterschiedliche pflanzenfressende Dinosaurier-Arten waren an ihrer Kopfform zu erkennen. Der Parasaurolophus (rechts) war ein Hadrosaurier. Sein imposantes Horn auf dem Kopf war innen hohl und konnte Geräusche wie eine Posaune erzeugen, mit denen er vielleicht Weibchen anlockte oder Alarmrufe ausstieß. Das feste Schädeldach des Pachycephalosaurus (außen rechts) diente als starke Waffe im Kampf um die Vorherrschaft in der Herde.

Maiasaura

WÖRTERBUCH

Dinosaurier verdanken ihren Namen oft einer besonderen Eigenart. **SAUROLOPHUS** bedeutet „Kamm-Echse" wegen des Knochenkamms auf dem Schädel des Dinosauriers.

Manchmal wird ein Dinosaurier nach einem Menschen oder Ort benannt. **EDMONTOSAURUS** heißt nach der Edmonton-Formation, einer Gesteinsfolge bei der Stadt Edmonton, Kanada.

SCHON GEWUSST?

Wie unterscheidet man einen männlichen von einem weiblichen Dinosaurier? Ein Blick auf die fossilierten Knochen genügt meist nicht. Experten müssen die Organe untersuchen. Dennoch können Skelette einige Hinweise geben. Bei Parasaurolophus war das Weibchen kleiner und hatte einen kleineren Knochenkamm. Ein Tyrannosaurus hatte am unteren Schwanz längere Knochen als ein Weibchen.

WEGWEISER

- Möchtest du eine wandernde Hadrosaurier-Herde sehen? Wissen, wer mit ihnen zog? Lies nach auf S. 14–15.
- Wie waren Dinosaurier gefärbt? Lies nach auf S. 20–21 und S. 56.
- Wie gut konnten Dinosaurier hören, sehen und riechen? Lies auf S. 42–43.

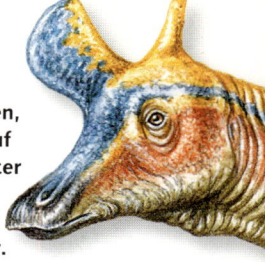

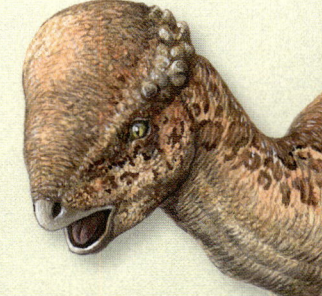

INSIDESTORY
Posaunenkänge

Bei den Hadrosauriern ist Paarungszeit. Zwei oder mehr Arten leben zu Tausenden zusammen – Parasaurolophus und Lambeosaurus zum Beispiel. Die Porasourolophus-Männchen sind an ihren langen, gebogenen Kämmen zu erkennen. Die der Weibchen sind kürzer, und die Jungtiere haben noch gar keine. Lambeosaurus ist der Dinosaurier mit einem Kamm, der aussieht wie ein Beil, und einem stummelartigen Höcker dahinter. Im lärmenden Gedränge macht jedes Tier mit Tönen auf sich aufmerksam.
Je nach Art haben die Hadrosaurier ganz unterschiedliche Klangkörper auf den Köpfen und erzeugen damit auch ganz unterschiedliche Töne. Zur Paarungszeit wird das Posaunen lauter, wenn Männchen und Weibchen sich damit aufeinander aufmerksam machen. Möglicherweise sind den Männchen dabei auch die grellen Kämme geschwollen, wie heute bei manchen Vögeln.

Parasaurolophus (Jungtier)

Parasaurolophus (Weibchen)

Schnitt durch den Kamm eines Parasaurolophus

KÖPFE

Lambeosaurus hatte einen hohlen, flachen Kamm auf dem Kopf. Dahinter saß ein spitzer, nach hinten weisender Höcker.

Edmontosaurus besaß keinen imposanten Kopfschmuck. Vielleicht aber hat er einen Hautsack auf seinem Gesicht aufgeblasen, wenn er Töne von sich geben wollte.

Saurolophus hatte einen Kopfhöcker und womöglich auch einen ausblasbaren Nasensack. Wenn er Luft hineinblies, konnte er losposaunen.

Stegoceras war ein Dickkopfsaurier. Sein dicker Kuppelschädel war mit Knochennieten besetzt.

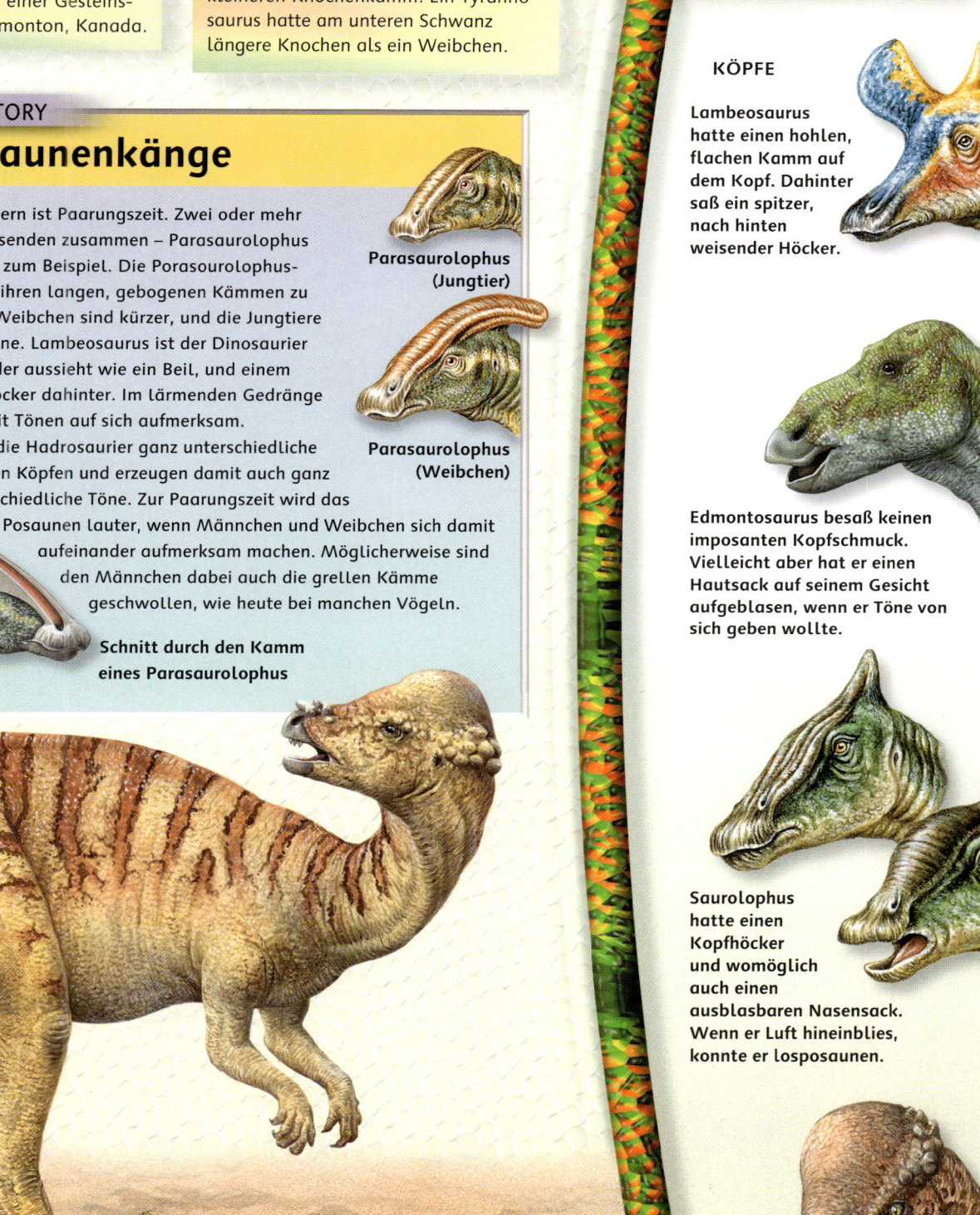

Prenocephale

Stygimoloch

Polacanthus-Haut

Ankylosaurus-Schwanzkeule

Triceratops-Horn

Die Gepanzerten

Manche pflanzenfressende Dinosaurier waren so ausgerüstet, dass sie sich jedem Angreifer stellen konnten. Sie waren mit Dornen und Hörnern bewaffnet und durch Platten und Schilde geschützt. Mit diesen Waffen konnten sie sich gut verteidigen, aber eine schnelle Flucht war unmöglich.

Stegosaurier hatten Knochenplatten auf dem Rücken und am Schwanzende Dornen. Die Platten von Stegosaurus waren wie große Dreiecke. Die Platten auf Kentrosaurus waren dünner, dafür aber saßen an seinem Schwanz überall Dornen. Vielleicht hatte er auch Schulterdornen.

Ankylosaurier erschienen zur gleichen Zeit wie Stegosaurier und lebten noch weit in die Kreide hinein. Mit ihrer knochigen Rückenpanzerung glichen sie rollenden Panzern. An Schultern und Seiten ragten Dornen hervor. Manche, wie Euoplocephalus, besaßen auch Keulenschwänze.

Die Ceratopsier waren die gehörnten Dinosaurier. Ihre Köpfe eigneten sich für den Frontalangriff, denn sie waren mit Nasen- und Brauenhörnern sowie Kopfschilden versehen. Die Ceratopsier kamen erst spät in die Kreidewelt. Manche waren noch zur Zeit des Dinosauriersterbens da.

Dieses Skelett von Triceratops trägt eine Halskrause aus hartem Knochen. Sie schützte den weichen Hals bei Angriffen. Die beiden Hörner über seinen Augen wurden 1 m lang. Auf der Nase saß ein stummelartiges drittes Horn.

INSIDESTORY
Reiche Funde in Afrika

Eine der größten Dinosaurier-Fundstätten lag in Sedimenten beim Dorf Tendaguru in Tansania, Ostafrika. Die ersten Dinosaurier-Knochen wurden hier 1907 von einem deutschen Ingenieur entdeckt. Kurz danach führte das Berliner Museum für Naturkunde Ausgrabungen durch, die fünf Jahre dauerten. Zeitweise gruben hier über 500 Menschen nach Knochen und schleppten sie in viertägigen Märschen durch den Dschungel zur Küste. Über 250 Tonnen Gesteine und Fossilien wurden nach Deutschland verschifft. Unter den Knochen waren Skelette des riesigen Brachiosaurus, des Stegosauriers Kentrosaurus und des flinken Pflanzenfressers Dryosaurus.

Ein angriffswütiger Triceratops muss ein schreckenerregender Anblick gewesen sein. Hungrige Fleischfresser waren nicht die einzigen Dinosaurier, die sich vor den Hörnern in Acht nehmen mussten. Verletzungen an Triceratops-Schädeln deuten darauf hin, dass sie die Hörner auch im Rivalenkampf einsetzten.

Euoplocephalus war 5 m lang und schwer gepanzert. Räuber hatten es sicherlich schwer, da hindurchzubeißen – wenn sie überhaupt nahe genug an ihn herankamen. Erst einmal mussten sie an seinen Schulterdornen und der Schwanzkeule vorbeikommen.

DINOSAURIER-WAFFEN

Scutellosaurus gehörte zu den ersten gepanzerten Dinosauriern. Sein Körper war mit Hornplatten bedeckt. Doch dieser Dinosaurier war so leicht gebaut, dass er bei Gefahr auf den Hinterbeinen davonflitzen konnte.

WÖRTERBUCH

STEGOSAURUS heißt „bedeckte Echse". Zunächst dachten die Wissenschaftler, die Stegosaurus fanden, seine Rückenplatten lägen flach und seien nicht senkrecht angeordnet.

Keratos bedeutet auf Altgriechisch „Horn" und ops „Gesicht". Zu **CERATOPSIER** verbunden heißt das „gehörntes Gesicht". Füge tri hinzu, was „drei" heißt, und du erhältst **TRICERATOPS**, den „dreigehörnten" Dinosaurier.

SCHON GEWUSST?

In Alberta, Kanada, gibt es ein Massengrab mit Ceratopsiern. Forscher meinen, sie seien beim Versuch, einen Fluss zu überqueren, ertrunken, wie es auch manchmal mit Büffeln geschieht.

In den Rockies fand man die Fossilien einer Herde von 10000 Maiasaura. Möglicherweise sind sie giftigen Gasen aus einem Vulkan zum Opfer gefallen.

WEGWEISER

- Was geschah mit Dinosauriern wie Triceratops beim Massensterben? Lies nach auf S. 58–59.
- Wozu benutzte Stegosaurus seine Rückenplatten? Lies nach auf S. 19.
- Möchtest du wissen, wozu ein Dinosaurier seine Schwanzkeule schwang? Lies nach auf S. 20–21.

SEI AKTIV!
Dinosaurier-Mobile

1. Wähle sechs große Dinosaurier in diesem Buch aus. Zeichne ihre Umrisse auf Pappe ab oder pause sie durch.
2. Schneide jede Form aus und bemale sie von beiden Seiten. Bohre ein Loch oben in die Mitte jedes Dinosauriers.
3. Schneide sechs verschieden lange Fäden ab. Fädle je einen durch das Loch in jedem Dinosaurier und verknote ihn. Mit den anderen Fadenenden binde drei Dinosaurier an einen Stab und die anderen drei an einen zweiten Stab.
4. Befestige mit zwei weiteren Fäden die beiden Stäbe an einem dritten.
5. Hänge dein Mobile auf.

Der 9 m lange Stegosaurus benutzte seinen Dornenschwanz als Waffe gegen Angreifer. Die Knochenplatten auf dem Rücken dienten vermutlich nicht der Verteidigung, sondern halfen bei der Wärmeregulierung.

Das war ein 5,8 m langer Nodosaurier, eine Ankylosaurier-Art. Der mit Höckern und Dornen versehene Rückenpanzer bot ihm einen guten Schutz, vor allem, wenn er sich flach auf den Bauch legte.

Der Tyrannosaurus rex-Schädel zeigt, dass der König der Dinosaurier einen wahrlich furchterregenden Schädel besaß. Er war 5 m lang!

Der Schädel eines Coelophysis-Babys ist nur 9,2 cm lang. Der Schädel eines erwachsenen Coelophysis konnte 33 cm lang werden.

Groß und klein

Langhalsige Pflanzenfresser, größer als Eisenbahnwaggons, waren die riesigsten Tiere, die es je gab. Sie waren verwandt mit behänden, kaum hühnergroßen Fleischfressern. Die Großen und die Kleinen machten das Beste aus ihrem Platz in der Welt.

Die größten Dinosaurier hatten Skelette, die zwar stark, aber leicht waren. Sonst hätten ihre Beine sie nicht tragen können. Die langhalsigen Pflanzenfresser hatten Löcher in ihren Halswirbeln, die ihr Gewicht verringerten. Doch ihre Beine waren massige Knochensäulen, sodass sie immer noch Tonnen wogen. Große Fleischfresser hatten hohle Beinknochen, damit sie schnell laufen konnten. Hohlräume in ihren Schädeln machten sie noch leichter. Die ganz kleinen Dinosaurier lebten im Unterholz, wohin größere Tiere nicht kamen. Sie hatten verhältnismäßig lange Arme und Beine und leichte, hohle Knochen. Ihre großen Gehirne machten sie intelligenter – und damit lebensfähiger.

Stegosaurus hatte im Vergleich zu seiner Größe das kleinste Dinosaurier-Gehirn. Dieses pflanzenfressende Tier erreichte zwar 7,6 m Länge, kam aber mit einem walnussgroßen Gehirn aus.

Troodon hatte das größte Gehirn von allen, gemessen an seiner geringen Körpergröße. Er war vermutlich so intelligent wie viele Bodenvögel heute, was ihm half, als schneller Jäger zu leben.

Tyrannosaurus hatte einen der größten Dinosaurier-Köpfe mit nur einem winzigen Gehirn. Aber es reichte aus, damit sein Körper funktionierte. Das Gehirn des Menschen füllt dagegen fast den ganzen Schädel aus, was ihn zum intelligentesten Säuger macht.

Seismosaurus, 42,7 m lang, der längste Dinosaurier

Compsognathus, 1 m lang, der kleinste Fleischfresser

Micropachycephalosaurus, 0,5 m lang, der kleinste Pflanzenfresser

WÖRTERBUCH

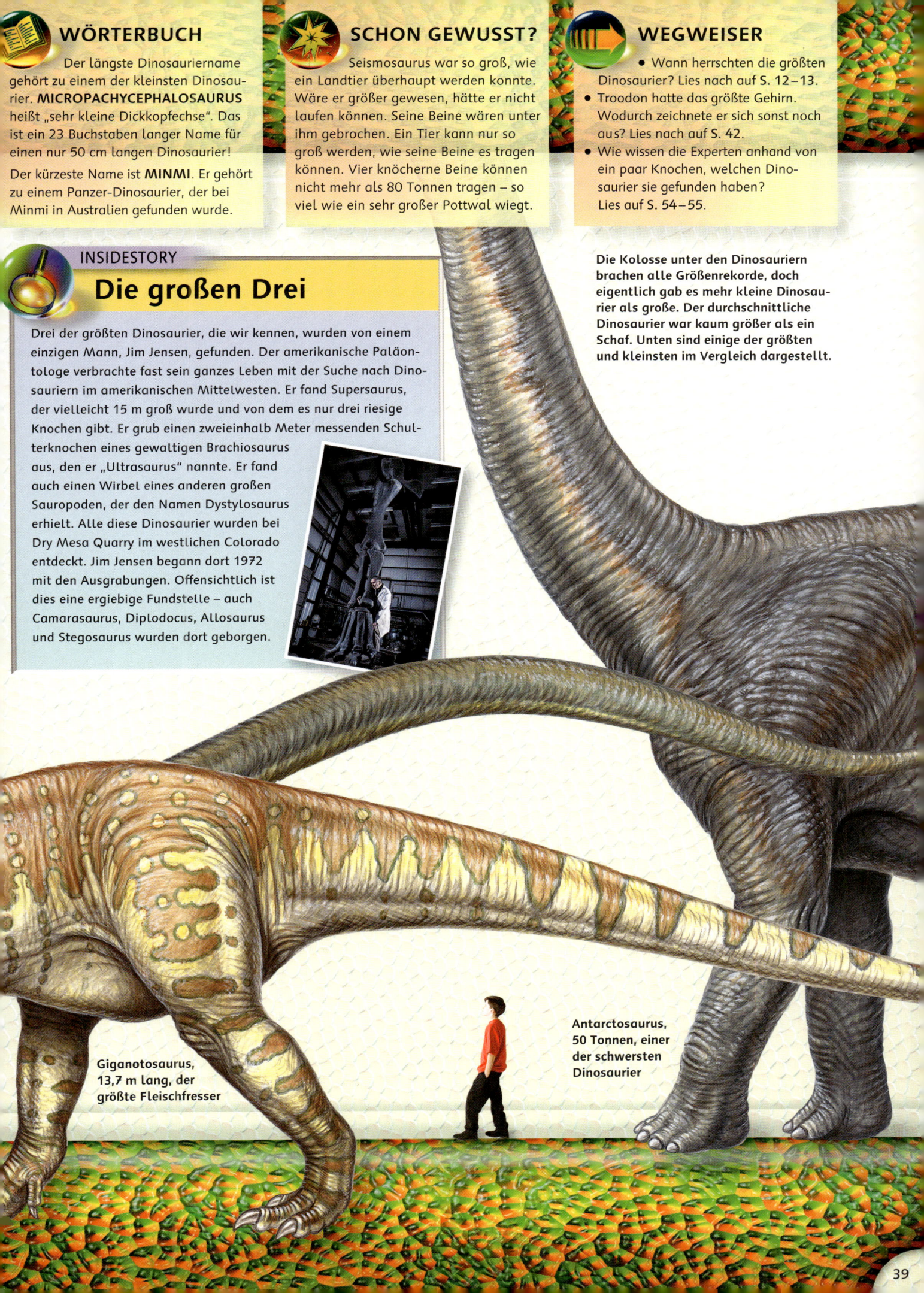

Der längste Dinosauriername gehört zu einem der kleinsten Dinosaurier. **MICROPACHYCEPHALOSAURUS** heißt „sehr kleine Dickkopfechse". Das ist ein 23 Buchstaben langer Name für einen nur 50 cm langen Dinosaurier!

Der kürzeste Name ist **MINMI**. Er gehört zu einem Panzer-Dinosaurier, der bei Minmi in Australien gefunden wurde.

SCHON GEWUSST?

Seismosaurus war so groß, wie ein Landtier überhaupt werden konnte. Wäre er größer gewesen, hätte er nicht laufen können. Seine Beine wären unter ihm gebrochen. Ein Tier kann nur so groß werden, wie seine Beine es tragen können. Vier knöcherne Beine können nicht mehr als 80 Tonnen tragen – so viel wie ein sehr großer Pottwal wiegt.

WEGWEISER

- Wann herrschten die größten Dinosaurier? Lies nach auf S. 12–13.
- Troodon hatte das größte Gehirn. Wodurch zeichnete er sich sonst noch aus? Lies nach auf S. 42.
- Wie wissen die Experten anhand von ein paar Knochen, welchen Dinosaurier sie gefunden haben? Lies auf S. 54–55.

INSIDESTORY
Die großen Drei

Drei der größten Dinosaurier, die wir kennen, wurden von einem einzigen Mann, Jim Jensen, gefunden. Der amerikanische Paläontologe verbrachte fast sein ganzes Leben mit der Suche nach Dinosauriern im amerikanischen Mittelwesten. Er fand Supersaurus, der vielleicht 15 m groß wurde und von dem es nur drei riesige Knochen gibt. Er grub einen zweieinhalb Meter messenden Schulterknochen eines gewaltigen Brachiosaurus aus, den er „Ultrasaurus" nannte. Er fand auch einen Wirbel eines anderen großen Sauropoden, der den Namen Dystylosaurus erhielt. Alle diese Dinosaurier wurden bei Dry Mesa Quarry im westlichen Colorado entdeckt. Jim Jensen begann dort 1972 mit den Ausgrabungen. Offensichtlich ist dies eine ergiebige Fundstelle – auch Camarasaurus, Diplodocus, Allosaurus und Stegosaurus wurden dort geborgen.

Die Kolosse unter den Dinosauriern brachen alle Größenrekorde, doch eigentlich gab es mehr kleine Dinosaurier als große. Der durchschnittliche Dinosaurier war kaum größer als ein Schaf. Unten sind einige der größten und kleinsten im Vergleich dargestellt.

Giganotosaurus, 13,7 m lang, der größte Fleischfresser

Antarctosaurus, 50 Tonnen, einer der schwersten Dinosaurier

Tyrannosaurus-Hand   Allosaurus-Hand   Velociraptor-Hand

Die Gefährlichsten

Die wildesten unter allen Dinosauriern waren die großen, fleischfressenden Theropoden. Sie standen im Mesozoikum an der Spitze der Nahrungskette und fraßen alles, was ihnen in den Weg lief. Manche wurden über 10 m lang – mehr als ein Müllwagen. Ihre Köpfe waren so lang wie ein Kind, und jeder Zahn wuchs zu Messergröße heran.

Große Theropoden entwickelten sich erstmals im Jura. Der Fleischfresser, der die Krone des „Königs der Dinosaurier" trug, war im Lauf der Zeit und von Kontinent zu Kontinent ein anderer. Anfangs beherrschte Allosaurus die Welt des späten Jura. Doch zu Beginn der Kreidezeit trat Carcharodontosaurus in Afrika an seine Stelle, gefolgt von Spinosaurus. Nordamerika war das Herrschaftsgebiet von Acrocanthosaurus in der frühen Kreide. Dann übernahmen Albertosaurus und Tyrannosaurus die Führung. In Südamerika entwickelte sich am Ende des Zeitalters der Dinosaurier der womöglich größte aller Fleischfresser, Giganotosaurus.

Dann gab es noch die „Prinzen der Dinosaurier", viel kleinere, aber ebenso wilde Dromaeosaurier wie Velociraptor, Deinonychus und Dromaeosaurus. Die intelligenten, wendigen Tiere jagten in Rudeln, sprangen größere Tiere an und terrorisierten kleinere. Die Sichelklauen an ihren Füßen waren ihre gefährlichsten Waffen.

Dieses Allosaurus-Skelett ist für die großen Theropoden typisch. Sein Schädel war leicht, aber fest. Kräftige Beine stützten seinen massigen Körper. Einige Theropoden hatten Stummelarme, die nicht zu viel taugten, aber Allosaurus besaß Arme, die wie Enterhaken funktionierten.

INSIDESTORY
Ein Dinosaurier namens Sue

Sue ist das vollständigste Skelett eines Tyrannosaurus rex – und auch das teuerste. Es wurde 1990 in Süddakota, USA, gefunden, doch dann entbrannte ein Streit darüber, wem es gehörte. Gehörte es dem Team von Paläontologen, die es entdeckt hatten? Oder dem Bauern, der das Gebiet verwaltete, wo es gefunden worden war? Oder der Regierung, der das Land gehörte? Die Gesetze darüber, wem ein Dinosaurier-Fund gehört, sind von Land zu Land anders. In manchen Gebieten gehören die Fossilien der Person, die das Land besitzt, wo sie entdeckt wurden. In anderen gehören die Fossilien dem Finder oder der Regierung. Ein Gericht entschied, dass Sue dem Bauern gehörte, und er verkaufte es auf einer Auktion. Für umgerechnet 7,5 Millionen Euro wurde es vom Museum in Chicago erworben. Dort kann Sue von Wissenschaftlern untersucht und vom Publikum bestaunt werden.

Dinosaurier zu verkaufen

Was Deinonychus bei nur 3 m Größe fehlte, wurde von seiner 13 cm langen tödlichen Sichelkralle wettgemacht. Die Kralle saß jeweils an der zweiten Zehe jedes Fußes, wo sie auf und nieder schnellte. Wenn Deinonychus ein Tier angriff, stieß er sein Bein nach vorne. Die Kralle schlitzte den Leib seines Opfers auf, sodass es verendete.

Deinonychus-Hand   Deinocheirus-Hand

WÖRTERBUCH

TYRANN nennt man einen grausamen Herrscher, und deswegen gab man Tyrannosaurus den Namen, der „Tyrannenechse" bedeutet. Manchmal heißt er auch **TYRANNOSAURUS REX**. Weil rex auf Latein „König" heißt, ist er der „König der Tyrannenechsen". **TYRANNOSAURUS** ist die Gattung, der dieser Dinosaurier angehört, während **REX** die Art ist. Jeder Dinosaurier hat einen Gattungs- und einen Artnamen.

SCHON GEWUSST?

Griffen sich Fleischfresser gegenseitig an? Experten meinen, dass sie dies wahrscheinlich nicht taten, da sie aus Erfahrung wussten, dass andere Fleischfresser mit scharfen Zähnen und tödlichen Krallen bewaffnet waren. Sie könnten allerdings kranke oder alte Fleischfresser angefallen und gefressen haben.

WEGWEISER

- Wie war es zu Zeiten der Kreide und des Jura? Lies nach auf S. 12–15.
- Wie sahen die Zähne der Fleischfresser aus? Lies nach auf S. 28.
- Wie schnell konnten große Raubsaurier rennen? Lies nach auf S. 43.

KILLER-SCHÄDEL

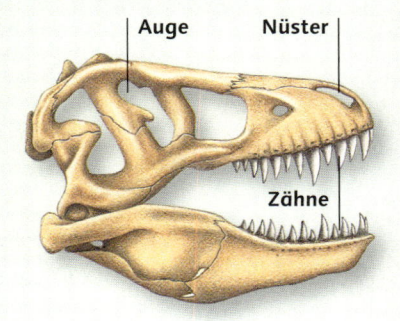

Auge Nüster

Zähne

Der Schädel von Tyrannosaurus musste kräftig sein, damit er seine Beute zermalmen konnte. Sein Kiefer hatte in der Mitte ein zusätzliches Gelenk, sodass er sein Maul weit aufreißen konnte. Über und unter den Augen saßen Knochenwülste – als Schutz vor um sich schlagenden Beutetieren.

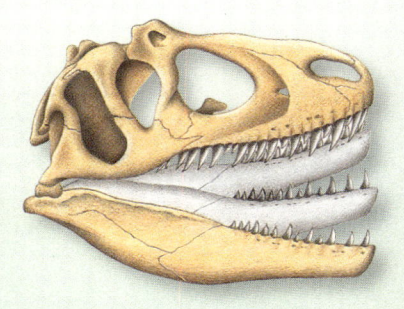

Der Schädel von Allosaurus war 1 m lang. Das Gewicht des gewaltigen Kopfes verringerten Löcher im vorderen und hinteren Schädel. Die Kiefer ließen sich weit aufreißen. Hier ist das Maul wie beim Beißen geöffnet und geschlossen.

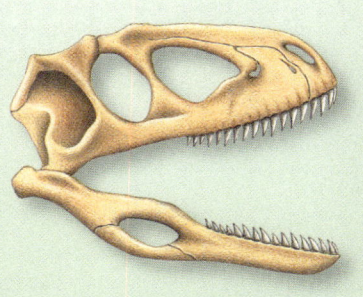

Tyrannosaurus war so schwer wie ein Schwertwal, aber doppelt so groß. Er besaß ein dreidimensionales Sehvermögen, einen gut entwickelten Geruchssinn und ein feines Gehör. Damit konnte er alles um sich herum wahrnehmen. Wenn er bei einem Angriff sein schreckliches Riesenmaul aufriss, zeigte er mehr als 50 dolchartige Zähne.

Deinonychus war ein kleinerer Fleischfresser, konnte aber mit seinem weit aufgerissenen Maul kraftvoll zubeißen. Dutzende kleiner, gebogener Zähne schnitten wie eine Säge durch Muskeln und Haut.

Hypsilophodon Coelophysis Elaphrosaurus

Die Schnellläufer

Im Mesozoikum rannten zahlreiche schnittige und flinke Dinosaurier umher. Einige waren Pflanzenfresser, die eilends vor hungrigen Räubern die Flucht ergriffen. Die wirklich schnellen Läufer unter den Dinosauriern waren aber die Fleischfresser. Sie entwickelten sich in der Kreide und waren in Nordamerika, Afrika und Asien zu Hause. Meist hatten sie kleine, stromlinienförmige Körper und lange Hinterbeine – perfekt zum Sprinten. Die schnellfüßigsten aller Dinosaurier waren Ornithomimiden wie Struthiomimus und Gallimimus. Sie hatten etwa Menschengröße und sahen straußenähnlich aus – mit langen, schlacksigen Armen und kleinen, zahnlosen Köpfen. Ihre Kost waren vermutlich Insekten oder kleine Säuger und Eidechsen. Auf der Flucht vor größeren Raubsauriern erreichten sie Geschwindigkeiten von 64 km in der Stunde.

Die Troodontiden waren nicht ganz so schnell. Sie waren auch kleiner und weniger vogelähnlich. Doch sie gehörten zu den intelligentesten Dinosauriern. Mit ihren großen Augen erspähten sie kleine Tiere und stürzten sich dann schnell darauf. Sie hatten viele kleine Zähne und eine Sichelklaue, die vermutlich als Stichwaffe diente.

Schnellster Läufer der Welt, 36,5 km/h

Dromiceiomimus, ein sehr schneller Dinosaurier, 48 km/h

Struthiomimus, schnellster Dinosaurier, 64 km/h

Strauß, schnellster Laufvogel, 80 km/h

Bei einem Wettrennen hätten die Ornithomimiden Menschen weit hinter sich gelassen. Mit einer Spitzengeschwindigkeit von 64 km in der Stunde wäre Struthiomimus fast doppelt so schnell wie der weltbeste Läufer. Nur wenige heute lebende Tiere, wie der Strauß, könnten schneller als ein sprintender Ornithomimide laufen.

DINOSAURIER-SINNE

Abguss eines Iguanodon-Gehirns

Der vordere Teil von Iguanodons Gehirn – der für das Schmecken und Riechen zuständig war – war gut entwickelt. Dieser Pflanzenfresser hatte einen ausgeprägten Geruchs- und Geschmackssinn und war darum vermutlich in der Lage, verborgene Räuber oder ferne Pflanzen aufzuspüren.

Es ist nicht einfach, an einem Haufen Fossilien zu erkennen, was Dinosaurier sehen konnten. Aber manche Dinosaurier-Skelette geben Wissenschaftlern Hinweise. So hatte Troodon große Augenhöhlen, und ein großer Teil seines Gehirns war dem Sehen vorbehalten. Er konnte also gut sehen, vermutlich auch bei Nacht.

WÖRTERBUCH

Mimos ist das griechische Wort für Nachahmer, „aussehen wie". Ornitho heißt „Vogel", also waren **ORNITHOMIMIDEN** „Vogelnachahmer".

Struthio heißt auf Lateinisch „Strauß", was **STRUTHIOMIMUS** zu einem „Straußnachahmer" macht.

Gallus ist Latein für „Huhn". **GALLIMIMUS** ist demnach ein „Huhnnachahmer".

SCHON GEWUSST?

Wie schnell rannten große Räuber? Nicht sehr schnell, meinen Experten. Denn: Je schneller sie liefen, desto eher konnten sie sich verletzen. Stürzte ein 6-Tonnen-Tyrannosaurus bei einer Geschwindigkeit von mehr als 15 bis 20 km/h, hätte er seinen Schädel und Brustkorb zerschmettert. So trotteten die großen Fleischfresser wohl mit erderschütternd schnellem Schritt dahin.

WEGWEISER

- Warum konnten sich Dinosaurier besser fortbewegen als die meisten anderen Tiere im Mesozoikum? Lies nach auf S. 16–17.
- Gallimimus und Albertosaurus waren beide Fleischfresser. Welche anderen Fleischfresser gab es? Lies S. 28–29.
- Wie wird ein Fußabdruck zu einem Fossil im Gestein? Lies S. 48–49.

Wenn der leichtfüßige Gallimimus mit 48 km/h losrannte, hatte der behäbige Albertosaurus keine Chance, ihn einzuholen. Auch vermochte er plötzlich die Richtung zu ändern und Haken zu schlagen. Mit über 2 m Höhe und 5 m Länge war Gallimimus der größte Ornithomimide. Sein zarter Körperbau ließ ihn jedoch kleiner erscheinen, als er wirklich war.

INSIDESTORY
Fährtenlesen

Fossile Fährten können viel über ein ausgestorbenes Tier verraten. Sie zeigen nicht nur, wie groß seine Füße waren und welche Schrittlänge es hatte, sondern auch, wie schnell das Tier lief. Je schneller es rannte, desto weiter waren seine Fußabdrücke voneinander entfernt. Der führende Fachmann für Dinosaurierspuren, der amerikanische Paläontologe James Farlow, untersuchte die Fußspuren von Vögeln. Danach konnte er die Geschwindigkeit mehrerer Dinosaurier berechnen, deren Fährten in Texas gefunden wurden.

Ein jurassischer Fleischfresser rannte 42,8 km/h, während von Farlow untersuchte Sauropoden mit nur 1 bis 2 km/h dahinzuckelten.

Die meisten Hadrosaurier wie Saurolophus besaßen Gebilde auf den Köpfen, mit denen sie Töne erzeugen konnten. Daraus schließt man, dass sie einen guten Hörsinn hatten und herausfinden konnten, welche Hadrosaurier in der Herde ihnen zuposaunten.

Der Tastsinn ist für Wissenschaftler an ausgestorbenen Tieren nur schwer zu erforschen. Doch fest steht: Bei der dicken Haut muss der Tastsinn eines Dinosauriers ganz anders als unserer gewesen sein.

Das Dinosaurier-Puzzle

Dinosaurier sind so geheimnisvoll, weil sie schon so lange ausgestorben sind. Hier kannst du erfahren, wie Wissenschaftler das Puzzle der Dinosaurier zusammensetzen, indem sie die Teile zeitlich einordnen. Den Anfang machen die von Dinosauriern hinterlassenen Fossilien. Nach einem Blick auf einige berühmte Fundstätten geht es weiter zu einem Grabungsort. Danach folgt ein Besuch im Labor, wo ein Dinosaurier zu neuem Leben erweckt wird. Die Reise endet mit dem großen Rätsel, warum alle Dinosaurier ausstarben – obwohl einige ihrer Verwandten noch heute leben.

Seite **46**
Wie wurde eine Insekt zum Fossil?
Lies nach bei **Fossile Belege**.

Seite **48**
Welcher Dinosaurier hinterließ diese Spur?
Lies nach bei **Auf fossilen Fährten**.

Seite **50**
Heiß, trocken und eine der reichsten Fundstätten für Dinosaurier. Wo ist das?
Lies nach bei **Berühmte Funde**.

Seite **52**
Wie gräbt man einen Dinosaurier aus?
Lies nach bei **Auf Dinosauriersuche**.

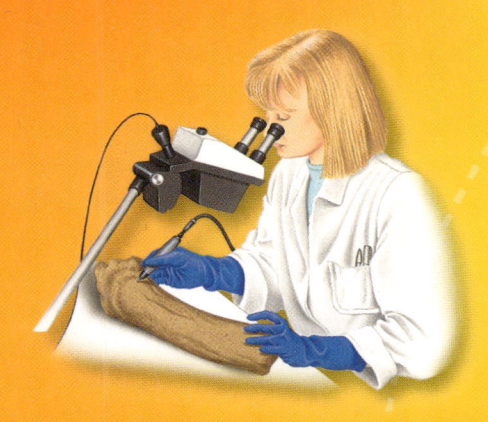

Seite **54**
Was geschieht mit Dinosaurierknochen, wenn sie ins Labor geschafft sind?
Lies nach bei **Das Zusammensetzen**.

Seite **56**
Dieses Buch ist voller Bilder von Geschöpfen, die nie jemand gesehen hat. Wer zeichnet sie und wie?
Dieser Dinosaurier verändert immer wieder sein Aussehen. Warum?
Lies nach bei **Lebensecht**.

Seite **58**
Vor 65 Millionen Jahren starben die Dinosaurier aus. War es wegen eines gewaltigen Vulkanausbruchs?
Lies nach bei **Dinosaurier-Sterben**.

Seite **60**
Ist dies ein Vogel oder ein Dinosaurier?
Was haben Dinosaurier und Vögel gemeinsam?
An welches Tier erinnert dich dieser Dinosaurier?
Lies nach bei **Die Verwandten**.

Fossil einer Kamelhalsfliege

Fischskelett-Fossil

Fossile Belege

Alles, was wir über Dinosaurier wissen, verdanken wir der Untersuchung ihrer Fossilien. Doch nicht einmal jeder tausendste Dinosaurier hinterließ auch nur Bruchstücke von Fossilien. Das liegt daran, dass bestimmte Bedingungen erfüllt sein müssen, damit ein Tier zum Fossil wird. Das Tier muss am richtigen Ort sterben, an einem Fluss oder See. Dann muss eine Flutwelle seinen Kadaver ins Wasser spülen, wo er unter Schlamm und Sand begraben wird und später als Fossil erhalten bleibt. Gewöhnlich versteinern die harten Teile – Knochen und Zähne. Die weichen wie Fleisch und Eingeweide verwesen. Darum sind die meisten Fossilien Knochen und Zähne. Manchmal finden Paläontologen auch Fußabdrücke, Eier oder Kot. Gelegentlich wurde ein Dinosaurier auch in Sandstein mumifiziert; dann hat das Fossil Abdrücke der Dinosaurierhaut.

Fossilien finden sich in Sandstein, Schlammstein, Schiefer und Kalkstein – Gesteine, die als Sediment in Flüssen und Seen entstanden. Es gibt einige Plätze auf der Erde, wo diese Gesteinsarten voller Dinosaurierfossilien sind, zum Beispiel im Mittelwesten der USA, in Kanada, China, der Mongolei, Afrika und Südamerika.

INSIDESTORY
Knochen-Park

In den Badlands, dem „schlechten Land" von Alberta, Kanada, ist am Fluss Red Deer ein Stück Dinosaurierwelt in fossiler Form im „Dinosaur Provincial Park" erhalten geblieben. Der Fluss hat tiefe Schluchten in die kanadische Prärie geschnitten und den letzten Ruheort zahlreicher kreidezeitlicher Dinosaurier freigelegt. Besucher können auf Pfaden gehen, die direkt durch diese Erosionsrinnen führen, und Dinosaurier-Fossilien sehen, die noch im Gestein eingebettet sind. Die Landschaft ist zu merkwürdigen Formationen verwittert, die wie Wachsoldaten aussehen. Auch die Feldstation des Royal Tyrrell Museum ist hier zu besichtigen. Eine Ausstellung zeigt die späte Kreide-Welt und einige der eindrucksvollsten fossilen Skelette, die in dem Park ausgegraben wurden.

WIE EIN DINOSAURIER-FOSSIL ENTSTEHT

Nach dem Tod wurde ein Dinosaurier in einen Fluss gespült. Das Fleisch verweste oder wurde gefressen, nur das Skelett blieb übrig.

Das Skelett wurde unter Schlamm und Sand begraben. So konnte es nicht weiter verwesen oder weggespült werden.

WÖRTERBUCH

Das Wort **FOSSIL** kommt vom lateinischen fossilis für „ausgegraben". Ein Wort für Stein ist lithos. **GASTROLITHEN** sind „Magensteine", denn gastro heißt „Magen".

Geo bedeutet „Erde". Ology heißt „Wissenschaft von". Also ist **GEOLOGIE** die „Wissenschaft von der Erde".

SCHON GEWUSST?

Wissenschaftler schätzen, dass von je 100 verschiedenen Lebewesen, die je auf Erden existierten, 95 heute ausgestorben sind. Von allen ausgestorbenen Pflanzen und Tieren ist nur ein kleiner Teil als Fossilien erhalten geblieben. So werden wir nie etwas über die meisten Tiere und Pflanzen erfahren, die einst auf der Erde lebten.

WEGWEISER

- Ist ein Pliosaurier eine Dinosaurier-Art? Lies nach auf S. 24–25.
- Welche Dinosaurier lebten einst in der Wüste Gobi? Lies nach auf S. 15 und S. 50.
- Wie lösen Paläontologen Dinosaurier-Fossilien aus dem Gestein? Lies nach auf S. 52–53.

Erich ist ein kleiner Pliosaurier, ein Meeresreptil, dessen Skelett als Fossil aus kostbarem Opal erhalten ist. Das geschieht in seltenen Fällen, wenn die Knochen eines Tieres durch ganz bestimmte Mineralstoffe ersetzt werden. In Erichs Opalmagen lagen Steine und Knochen eines kleinen Fischs – seiner letzten Mahlzeit.

Eine der reichsten Fundstätten von Dinosauriern birgt die Wüste Gobi in der Mongolei. Sicherlich sind überall in der Welt zahllose Dinosaurier-Fossilien verborgen, doch man erfährt von ihnen erst, wenn Wind oder Regen einen Teil eines Fossils freigelegt hat. Bei der Suche nach Fossilien brauchen Paläontologen Fachkenntnisse, Ausdauer und eine gute Portion Glück.

SEI AKTIV!
Fossil-Herstellung

Du kannst dir selbst „Neuzeit"-Fossilien anfertigen. Dazu brauchst du einen flachen Kasten, Modellierton, Gips, Wasser und einen Löffel. Außerdem brauchst du ein paar Muscheln, Blätter oder Ähnliches, was sich für ein Fossil eignet.

1. Fülle den Kasten mit Modellierton.
2. Drücke die Muscheln oder Blätter so in den Ton, dass sie einen Abdruck hinterlassen. Entferne sie.
3. Mische 6 Becher Gips mit 4 Bechern Wasser. Gieße die Mischung auf den Ton. Lass alles hart werden.
4. Trenne den Gips vorsichtig vom Ton. Gips und Ton sind wie die urzeitliche Lebensform und der Abdruck im Gestein. Der Abdruck heißt Hohlform. Die zu Stein gewordene Lebensform wird Abguss genannt.

Die Flussablagerungen wurden mit der Zeit zu Gestein. Mineralstoffe drangen in das Skelett ein, das zu Stein wurde.

Bewegungen im Erdinnern hoben das Gestein an und brachten das Fossil dicht an die Erdoberfläche. Die Erosion legte das Fossil frei.

Iguanodonten-Spuren

Auf fossilen Fährten

Fossile Zähne und Knochen verraten uns auch, wie Dinosaurier lebten. Dinosaurierknochen, die brachen und wieder heilten, und Knochen mit Arthritis und Tumoren verweisen auf Verletzungen oder Krankheiten, unter denen Dinosaurier litten. Knochen, die Biss- oder Nagespuren aufweisen, enthüllen, welches Tier einen Dinosaurier getötet oder an seinem Kadaver genagt hat. Aus den Zähnen, die oft bei den Skeletten verstreut sind, können wir sogar noch mehr erfahren, weil den Räubern Zähne ausfielen, wenn sie an ihrer Beute kauten. Doch von den Dinosauriern zeugen auch noch andere fossile Überreste. Versteinerter Kot verrät, was und wie sie fraßen – ob sie ihre Beute oder Pflanzen zerkauten oder im Ganzen hinunterschluckten. Dinosaurier-Fußabdrücke zeigen, wie schnell oder langsam sie sich fortbewegten. Aus ihren Spuren wissen wir auch, dass einige in großen Herden lebten, während andere einzeln jagten. Abdrücke ihrer Haut belegen, dass sie durch eine zähe Hülle geschützt waren. Und von ihren Nestern und Eiern wissen wir, wie Dinosaurier sich gemeinsam um ihren Nachwuchs kümmerten.

Der Wulst an diesem Beinknochen zeigt, wo sich ein Iguanodon das Bein brach. Das Bein heilte, zurück blieb ein Streifen neues Knochengewebe. Irgendwie überlebte dieser Iguanodon trotz seines gebrochenen Beines.

Geheilter Bruch

Manchmal wurden Dinosaurier-Exkremente zu steinharten Fossilien, sogenannten Koprolithen. Koprolithen kommen in allen Formen und Größen vor und können Stückchen von Samen, Tannenzapfen, Pflanzenstängeln und auch zerdrückte Knochen enthalten. Wissenschaftler untersuchen Dinosaurier-Kot, um zu erfahren, wovon die Tiere sich ernährten.

INSIDESTORY
Panik

Bei Lark Quarry in Australien gibt es Hunderte von Dinosaurier-Fußspuren, die von einer panischen Flucht zeugen. Paläontologen haben die Fährten untersucht und stellen sich das Geschehen vor Jahrmillionen etwa so vor: Dutzende von kleinen Fleisch- und Pflanzenfressern waren an einem Wasserloch versammelt. Als plötzlich ein großer Fleischfresser auftauchte, ergriffen die kleineren Dinosaurier schleunigst die Flucht. Die Fußabdrücke im Schlamm liegen alle in der gleichen Richtung. Die Spuren des Raubsauriers führen mitten durch die kleinen Spuren hindurch und lassen erkennen, dass er nicht allzu schnell lief. Vielleicht wollte er also nur am Wasserloch trinken und war an den kleinen Dinosauriern gar nicht interessiert. Doch seine bloße Gegenwart reichte aus, um sie zu vertreiben.

Noch vor ein paar Minuten tranken diese kleinen Pflanzenfresser sorglos im Fluss. Doch in der Sekunde, da sie die Nähe eines Räubers spüren, ergreifen sie die Flucht und hinterlassen ihre Fußabdrücke im weichen Schlamm. An einem solchen Ort blieben fossile Fährten perfekt erhalten.

Ankylosaurier-Spuren

Prosauropoden-Spuren

WÖRTERBUCH

Lith kommt von griechisch lithos, was „Stein" bedeutet. Copro heißt „Kot", also heißt **KOPROLITH** „Kotstein".

Ichnos ist das griechische Wort für „Spur", und ein **ICHNIUM** ist der Fachausdruck für „fossile Spur".

Fossile Eier heißen mit dem Fachwort **OOLITEN**, denn oo bedeutet „Ei".

SCHON GEWUSST?

Der größte bekannte Dinosaurier hat keinen Namen. Wir kennen von ihm nur Fußabdrücke, die er bei Broome in Australien hinterließ, wo es noch viele andere Dinosaurier-Fußabdrücke gibt. Manche davon sind über 1 m breit und könnten einem Sauropoden gehört haben, der sogar noch größer als Seismosaurus war.

WEGWEISER

- Warum lebten manche Dinosaurier in Gruppen und Herden und andere allein? Lies nach auf S. 20–21.
- Wie bauten Dinosaurier Nester? Lies nach auf S. 22–23.
- Wie sieht Dinosaurier-Haut aus? Lies nach auf S. 43.

SEI AKTIV!
Lass Tyrannosaurus laufen

1. Zeichne den nebenstehenden Tyrannosaurus-Fußabdruck auf Papier. Bitte einen Erwachsenen, dir zu helfen, ihn auf 1 m Länge zu vergrößern. Übertrage nun den vergrößerten Fußabdruck auf zwei Stücke Pappe. Schneide beide Fußabdrücke aus.
2. Nimm deine Fußabdrücke zu einem Tyrannosaurus-Lauf mit nach draußen. Lege beide im Abstand von 6 m auf den Boden. Das wäre der Abstand zwischen den Fußabdrücken, wenn Tyrannosaurus durch deinen Garten gegangen wäre. Lass den Dinosaurier rennen, indem du die Fußabdrücke 12 m auseinander legst. Wie viele Schritte musst du machen, wenn du mit einem laufenden Tyrannosaurus und einem rennenden mithalten willst?

1 m

FUSSSPUREN

Die meisten kleinen Fleischfresser hinterließen Fußabdrücke, die Vogelspuren sehr ähnlich sahen. Sie waren viel kleiner als die Fußspuren der großen Fleischfresser.

Große Fleischfresser liefen auf ihren beiden Hinterbeinen, an denen jeweils drei Zehen saßen. Einige Spuren zeigen sogar noch deutlich den Abdruck der Kralle am Ende jeden Zehes.

Die großen Sauropoden bewegten sich auf vier Beinen fort. Ihre Hinterbeine machten riesige, fast runde Abdrücke. Die Abdrücke ihrer Vorderfüße waren kleiner und u-förmig.

Die Ceratopsier waren Vierfüßer. Ihre Vorderfußabdrücke waren weiter auseinander als die der größeren vierzehigen Hinterbeine, weil sie die Vorderbeine weiter nach außen hielten.

Hadrosaurier-Spuren

49

Berühmte Funde

Jahrtausendelang stießen die Menschen auf riesige Knochen, wussten aber nicht, was sie bedeuteten. Keiner hatte jemals von solchen Riesentieren gehört. Dann aber wies der britische Wissenschaftler Gideon Mantell um 1820 nach, dass die riesenhaften fossilen Zähne und Knochen, die er gefunden hatte, von einer gigantischen Echse stammten, die ausgestorben war. Er nannte sie Iguanodon.

Neue Entdeckungen riesiger Knochen erregten großes Aufsehen. Im Jahr 1858 wurde das erste fast vollständige Skelett eines Dinosauriers gefunden – ein Hadrosaurus in New Jersey, USA. Als Bergleute in der belgischen Kohlengrube Bernissart 1878 die Skelette von 24 Iguanodonten fanden, bot sich zum ersten Mal die Gelegenheit, viele vollständige Dinosaurier vergleichend zu untersuchen.

Immer neue Funde erweiterten das Wissen über die Dinosaurier. Ende des 19. Jahrhunderts kam es sogar zu einer wahren Jagd nach den urzeitlichen Geschöpfen, als amerikanische Fundorte Riesensaurier wie Apatosaurus, Diplodocus und Barosaurus freigaben. Expeditionen nach Afrika und Asien in der ersten Hälfte des 20. Jahrhunderts machten noch spektakulärere Funde. Die Suche nach Dinosauriern wird noch heute auf allen Kontinenten fortgesetzt.

Sir Richard Owen, ein englischer Paläontologe, wird Vater der Dinosaurier genannt. Im Jahr 1842 stellte er fest, dass mehrere große versteinerte Reptilien alle der gleichen Gruppe von ausgestorbenen Tieren angehörten. Er nannte sie Dinosaurier, das heißt „Schreckensechsen". Er beschrieb auch andere Dinosaurier, z. B. den Sauropoden Cetiosaurus und den gepanzerten Scelidosaurus.

Ein Sumpf wird zum Massengrab für Dutzende von Iguanodonten. Mit der Zeit wurde der Sumpf zu einer Kohlenschicht und die Iguanodon-Skelette versteinerten. Millionen Jahre später wurden 24 von ihnen in einer Kohlengrube in Belgien ausgegraben. Der belgische Paläontologe Louis Dollo untersuchte sie genau, ebenso andere tierische und pflanzliche Fossilien, die mit untergegangen waren.

INSIDESTORY
Zurück in die Gobi

Die reichen Dinosaurier-Fossilienschätze in der mongolischen Wüste Gobi waren seit den ersten Expeditionen um 1920 bekannt. Weitere Dinosaurier-Expeditionen in die Gobi fanden erst wieder Ende der Achtzigerjahre statt. Sie wurden von den Paläontologen Philip Currie und Dale Russell aus Kanada und Dong Zhiming aus China geleitet.

Trotz Hitze und Sandstürmen gelangen den Forscherteams spektakuläre Funde. Sie entdeckten den größten Dinosaurier, der je in Asien gefunden wurde, einen Sauropoden namens Mamenchisaurus. Sie gruben fünf verschiedene Arten von Dinosaurier-Eiern aus. Und sie fanden die Skelette von fünf jungen gepanzerten Dinosauriern der Gattung Pinacosaurus, die vor 80 Millionen Jahren in einem Sandsturm umgekommen waren.

WÖRTERBUCH

Palä bedeutet „alt", während ologie „die Wissenschaft von" heißt. Also ist die **PALÄONTOLOGIE** „die Wissenschaft von der Vergangenheit".

Botanik ist die Wissenschaft von den Pflanzen. Die **PALÄOBOTANIK** ist „die Erforschung fossiler Pflanzen".

Zoologie ist die Lehre von den Tieren, die **PALÄOZOOLOGIE** die Lehre von den Tieren der Vorzeit – wie zum Beispiel den Dinosauriern.

SCHON GEWUSST?

Dinosaurier-Fossilien wurden für alles Mögliche gehalten, bevor man schließlich Dinosaurier-Knochen in ihnen erkannte. Im 17. Jahrhundert glaubte ein englischer Wissenschaftler noch, dass ein bestimmter Dinosaurier-Knochen zu einem Riesen gehörte. Anfang des 19. Jahrhunderts hielten amerikanische Wissenschaftler Dinosaurier-Spuren für die von Riesenvögeln.

WEGWEISER

- Wo liegen die reichsten Dinosaurier-Fundstätten? Lies nach auf S. 8.
- Was fanden die ersten Expeditionen in die Gobi? Lies nach auf S. 15.
- Warum haben Wissenschaftler ihre Meinung über Iguanodons Aussehen geändert? Lies nach auf S. 56–57.

GEHEIMNIS GELÜFTET

Gideon Mantell, ein englischer Landarzt, war Amateur-Paläonotolge. Viel Zeit verbrachte er mit der Erforschung von Dinosauriern. Insbesondere beschäftigte er sich mit Iguanodon, den er genau beschrieb.

Forscher brauchten lange, bis sie feststellten, dass Iguanodons großer fossiler Dorn an seinen Daumen gehörte und wie ein Dolch bei der Verteidigung eingesetzt wurde. Das war aber nicht das Einzige, was an Iguanodons Händen auffiel. An den drei Mittelfingern saßen hufähnliche Krallen, die beim Laufen sein Gewicht trugen. Den fünften Finger konnte er beugen und damit nach Pflanzen und anderem greifen.

Gideons Frau machte bedeutende Funde von fossilen Zähnen. 1825 kam Gideon zu dem Schluss, dass sie denen eines Iguana, eines Leguans, glichen, nur größer waren. Deshalb gab er seinem ersten Dinosaurier den Namen Iguanodon.

Im Jahr 1834 brachten Freunde Gideon die hier abgebildete große Steinplatte. Gideon untersuchte die in ihr enthaltenen Knochen und erkannte, dass sie von dem gleichen Tier stammten wie die fossilen Zähne, die er bereits besaß.

Gideon untersuchte die Knochen und Zähne in seiner Sammlung und fertigte danach diese Zeichnung an. Sie zeigt, wie er sich Iguanodon vorstellte.

Schwanzknochen

Pickel   Kelle   Schaber   Pinsel

Auf Dinosauriersuche

Paläontologen beginnen mit ihrer Suche meist an Orten, wo bereits Fossilien gefunden wurden. Die „Badlands" im Mittelwesten Amerikas werden immer wieder durchforscht, denn die fortgesetzte Erosion kann neue Skelette freisetzen. In anderen Fällen gehen Paläontologen an Plätze, wo noch niemand je gesucht hat, wo jedoch die Gesteine das richtige Alter haben, um Dinosaurier-Fossilien zu enthalten.

Viel Zeit verbringen die Paläontologen damit, den Boden nach Anzeichen für verborgene Dinosaurier-Knochen abzusuchen. Solche Anzeichen sind zum Beispiel kleine Knochensplitter. Sie können über eine weite Fläche verstreut sein. Indem die Paläontologen der Spur der Knochensplitter bis zu ihrem Ursprungsort folgen, machen sie den richtigen Platz zum Graben ausfindig. Manchmal haben sie auch Glück und stolpern geradezu über Schädel oder Knochen, die aus dem Boden herausragen.

Dinosaurier-Fossilien sind sehr schwer, aber auch sehr brüchig. Paläontologen legen die Fossilien vorsichtig mit Schaufeln, Pickeln, Pinseln und Kellen frei. Dann werden sie mit Spezialchemikalien gehärtet und anschließend eingegipst.

In dieser wüstenartigen Gegend Nordamerikas legen Paläontologen eine Fossillagerstätte aus der Kreidezeit frei. Im Vordergrund graben einige vorsichtig die Überreste eines fast vollständigen Hadrosauriers aus, während andere genaue Zeichnungen anfertigen, bevor die einzelnen Knochen eingegipst und zu einem wartenden Laster gebracht werden. Im Hintergrund sind andere damit beschäftigt, das Skelett eines Ceratopsiers zu bergen.

INSIDESTORY
Die „Knochenschlacht"

Ende des 19. Jahrhunderts kam es im Westen Nordamerikas zu einem wahren Wettlauf um Dinosaurier-Knochen. Zwei Paläontologen, Othniel Charles Marsh (Mitte hinten) und Edward Drinker Cope, waren darauf versessen, möglichst viele Dinosaurier-Fossilien zu entdecken.
Fast 30 Jahre gruben sie mit ihren Arbeitern im Mittelwesten der USA nach immer größeren, besseren Fossilien. Einst waren sie dicke Freunde, dann wurden sie erbitterte Konkurrenten. Sie erschienen sogar im Lager des anderen und bezahlten die Arbeiter dafür, dass sie ihnen die Fossilien des Rivalen überließen. Marsh und Cope beschrieben und benannten insgesamt 130 neue Dinosaurier-Arten sowie viele andere fossile Tiere. Cope benannte mehr Dinosaurier, doch Marshs Beschreibungen waren genauer.

VOM FUNDORT ZUM MUSEUM

Als Erstes entfernen Paläontologen Schmutz, der auf dem Fossil liegt. Dann befreien sie das Fossil aus dem Gestein, indem sie rundherum das Gestein wegschlagen. Das Gestein kann so hart sein, dass die Paläontologen einen Bohrer brauchen, um es aufzubrechen.

Bevor auch nur ein einziger Knochen bewegt wird, fertigen die Paläontologen eine Karte des Geländes an. Darauf wird genau eingezeichnet, wo die einzelnen Knochen oder Bruchstücke gefunden wurden. Im Labor ist dies für die Paläontologen eine wichtige Arbeitsgrundlage.

WÖRTERBUCH

TAPHONOMIE ist die Lehre von dem, was mit einem Tier zwischen seinem Tod und der Ausgrabung als Fossil geschieht. Das Wort kommt von zwei griechischen Wörtern – taphe, was „Grab" bedeutet, und nome mit der Bedeutung „Verteilung". Ein Taphonomist untersucht die Knochen und das umliegende Gestein, das viel über das Tier und seine Umwelt verrät.

SCHON GEWUSST?

Ein Tier wiegt oft mehr, wenn es tot und versteinert ist, als zu Lebzeiten. Das liegt daran, dass die Mineralstoffe, welche die Tierknochen ersetzen und zu Fossilien werden lassen, meist sehr schwer sind. Manch ein versteinertes Skelett wiegt viele Tonnen.

WEGWEISER

- An welcher großen Dinosaurier-Fundstätte arbeiteten mehr als 500 Menschen? Lies nach auf S. 36.
- Wie sah ein Hadrosaurier aus? Und ein Ceratopsier? Lies nach auf S. 34–37.
- Wie entstehen Dinosaurier-Fossilien? Lies nach auf S. 46–47.

SEI AKTIV!

Fossilien suchen

Die Fossiliensuche kann abenteuerlich sein. Zuerst musst du herausfinden, wo Fossilien vorkommen könnten. Von Museen kannst du die nächstgelegenen Fossilien-Fundorte erfahren. Dann brauchst du einen Geologenhammer, Meißel, alte Zeitungen zum Einwickeln deiner Funde und eine Schutzbrille. Geh am Fundort beim Abtragen des Gesteins vorsichtig vor. Fossilien liegen meist zwischen Gesteinsplatten eingebettet. Probier einfach aus, wie du am besten an mögliche eingebettete Fossilien herankommst. Schlage nur so viel vom umliegenden Gestein weg, dass du das Fossil nicht beschädigst. Dann trage das Fossil, in Zeitungen eingewickelt, nach Hause. Wahrscheinlich findest du häufige Fossilien wie Muscheln. Wenn du aber einen Knochen und ein sonstwie seltenes Fossil findest, benachrichtige das nächste Museum und überlass die Ausgrabung den Experten.

Ein Fossil kann härter als Gestein sein, aber weil es sehr alt ist, kann es leicht zerfallen. Darum wickeln die Paläontologen das Fossil erst in Alufolie oder feuchte Zeitungen. Dann gipsen sie es ein, damit es auf dem Weg ins Labor nicht beschädigt wird.

Als Letztes graben die Paläontologen Löcher unter dem Fossil, um es ganz aus dem umgebenden Gestein herauszulösen. Das bandagierte und eingegipste Bündel wird auf einen wartenden Laster geladen. Wenn der Knochen groß ist, sind dafür viele Leute, Hebel, Seile und Ketten erforderlich. Dann endlich beginnt die Fahrt ins Labor.

Hüfte Rippe Oberschenkel-knochen

Das Zusammensetzen

Die Fossilien sind heil im Labor angekommen. Nun beginnt die Arbeit des Reinigens und Konservierens sowie die Rekonstruktion des Skeletts, um den Dinosaurier zu identifizieren. Techniker schneiden den Gips und die Zeitungs- oder Folienschichten von den Fossilien ab. Nachdem sie die Fossilien abgebürstet haben, entfernen sie vorsichtig alles Gestein, das noch an dem Fossil hängt. Mit einem Sortiment feiner Meißel und Sägen, Pinseln und Schabern, Zahnbohrern und Sandstrahlgebläsen legen die Techniker das Fossil mit äußerster Vorsicht frei. Jeder so behandelte Zentimeter Knochen wird sofort mit einem Härtungsmittel getränkt. Gebrochene Knochen werden wieder zusammengeklebt. Schließlich liegen alle fossilen Knochen für den Zusammenbau bereit. Nun beginnen die Paläontologen mit der genauen Untersuchung des Fundes. Beim Zusammenbau der Knochen achten sie auf Merkmale, die bei der Identifizierung des Dinosauriers helfen könnten. Wenn es sich um eine ganz neue Dinosaurier-Art handelt, geben sie dem Neuling einen Namen und veröffentlichen seine Beschreibung. Auf diese Weise erfährt die Fachwelt von dem Neuzugang in der Dinosauriergruppe.

Ein Techniker legt letzte Hand bei einem Carnosaurier-Fossil an und verschweißt die Metallstützen, bevor es in einem Museum der Öffentlichkeit präsentiert wird. Fossile Knochen sind sehr schwer, darum wird ein starkes Metallgestell gebaut, das alle Knochen an ihrem Platz hält. Manchmal hängen Stahldrähte von der Decke, mit denen lange Hälse oder Schwänze oder große Köpfe gehalten werden.

Schulter

WÖRTERBUCH

Dinosaurier-Techniker sind auf verschiedene Bereiche in der Fossilienpräparierung spezialisiert.

Techniker, die Fossilien reinigen und reparieren, heißen **PRÄPARATOREN**.

Diejenigen, die Fossilien härten und vor dem Verfall schützen, sind die **KONSERVATOREN**. Oft ist ein Techniker auch beides. Große Museen haben gewöhnlich Spezialisten in beiden Techniken.

SCHON GEWUSST?

Paläontologen erfahren viel über ausgestorbene Tiere, indem sie heute lebende beobachten. Die Beine eines Straußes sind z. B. nicht viel anders als die eines fleischfressenden Dinosauriers. So können sie sich vorstellen, wie Fleischfresser sich fortbewegten. Sie beobachten die Brutplätze und das Nistverhalten von heutigen Vögeln und leiten daraus ihre Annahmen über Brutpflege bei Dinosauriern ab.

WEGWEISER

- Warum ist es ungewöhnlich, ein vollständiges Dinosaurier-Skelett zu finden? Lies nach auf S. 46–47.
- Wie sah eine der ersten Dinosaurier-Rekonstruktionen aus? Lies S. 51.
- Wo kannst du Dinosaurier-Knochenansammlungen sehen und Technikern bei der Arbeit zusehen? Lies S. 32.

FOSSILIEN REINIGEN

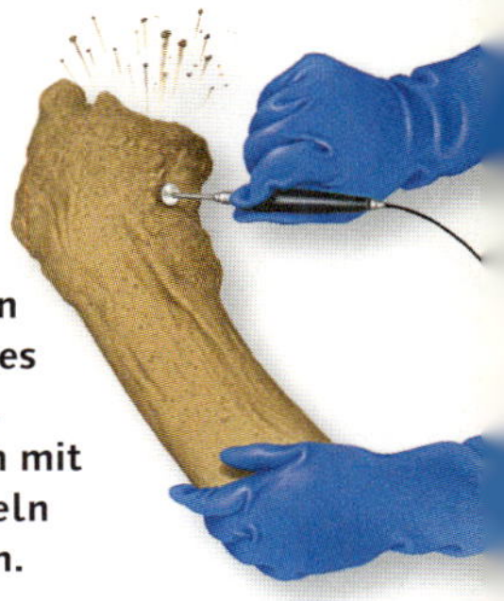

Techniker brauchen manchmal Monate, um ein Fossil geduldig aus dem umgebenden Gestein zu befreien. Als Erstes entfernen sie so viel Gestein wie möglich mit Schabern und Meißeln oder Druckluftsägen.

Wenn der fossile Knochen härter als Sand ist, benutzen Techniker ein kleines Sandstrahlgebläse. Damit blasen sie harte Sandkörnchen mit Druckluft auf das Gestein und reinigen es so. Oder sie legen das Fossil in ein Säurebad und lösen es so aus dem Gestein.

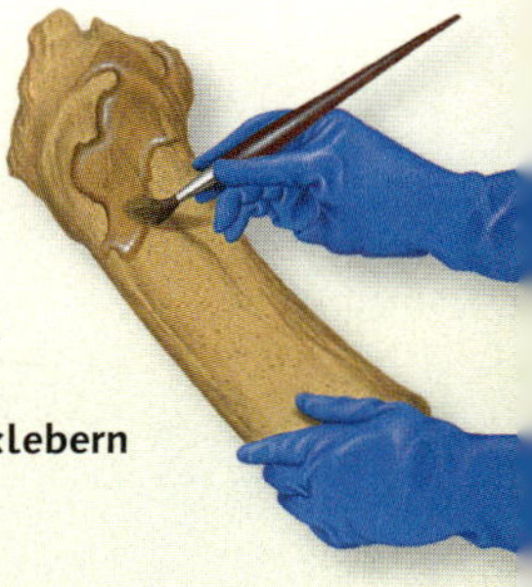

Das Fossil muss gehärtet werden, damit es haltbar wird. Dafür behandeln Techniker das Fossil mit Spezialklebern und Kunststoffen.

Um dem Fossil den letzten Schliff zu geben, brauchen Techniker ein Mikroskop. Für die Feinarbeit benutzen sie einen feinen Stichel, ein Skalpell oder einen Zahnarztbohrer.

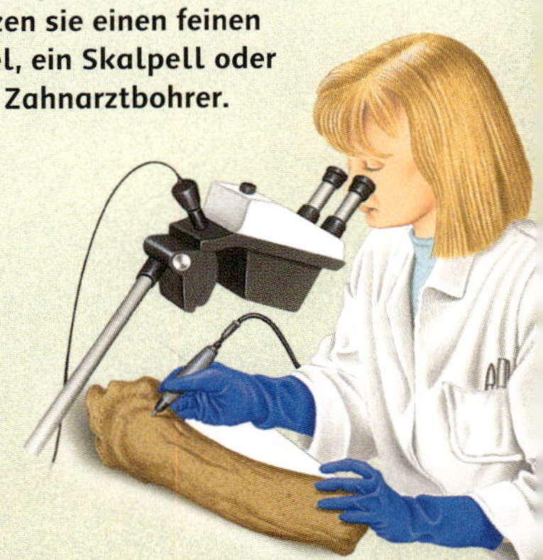

Jeder fossile Knochen ist ein Teil im Puzzle eines Dinosauriers. Nur in geduldiger Forschungsarbeit kann man das Puzzle zusammensetzen. Paläontologen haben oft nur wenige Knochenbruchstücke, darum müssen sie die Form all der fehlenden Knochen herausfinden, indem sie diese mit anderen Dinosaurier-Fossilien vergleichen.

INSIDESTORY
Im Smithsonian

Eine der besten Dinosaurier-Sammlungen der Welt kann man im Smithsonian-Institut in Washington, USA, besichtigen. Man geht durch endlose Gänge und sieht Fossilien von frühen Pflanzen und Säugetieren. Dann kommt man in die Halle mit den Dinosauriern. Im Mittelpunkt der Halle steht ein gigantischer, über 26 m langer Diplodocus. Daneben stolziert der Fleischfresser Allosaurus. Die Galerie ist voll mit anderen Dinosauriern, darunter Tyrannosaurus, Edmontosaurus und Triceratops. Man kann auf einen Balkon gehen und sich die Dinosaurier von oben ansehen. Von hier hat man auch einen guten Blick auf die vor der gegenüberliegenden Wand montierten Dinosaurier. Landschaften des Jura und der Kreide zeigen, wie die Welt ausgesehen hat, kurz bevor die Dinosaurier verschwanden.

Wirbelknochen

Einiosaurus Mononykus

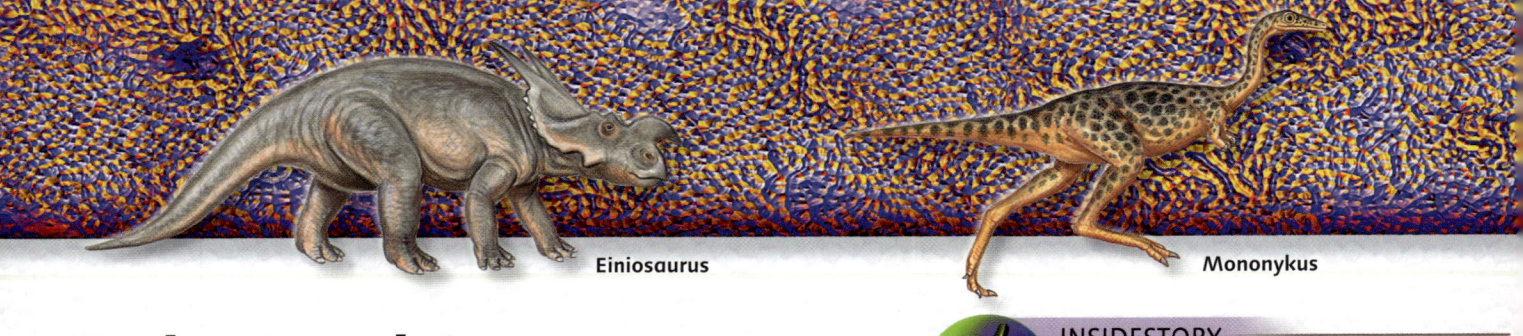

Lebensecht

Am vollständigen fossilen Skelett überprüfen Paläontologen sorgfältig, ob die Knochen richtig zusammengesetzt sind. Sie sehen sich die Gelenkflächen an, damit sie sich vorstellen können, wie der Dinosaurier sich fortbewegt hat.
Dann bringen die Paläontologen innere Organe in dem Gerippe unter – Gehirn, Herz, Magen, Lungen und so weiter. Doch die meisten Dinosaurier-Organe sind verwest, bevor sie versteinerten, deshalb weiß man nicht sicher, wie sie aussahen; darum halten sich Paläontologen an lebende Dinosaurier-Verwandte wie Krokodile und Vögel. Das tun sie auch, wenn sie das Skelett mit Muskeln auskleiden; mehrere Muskelschichten geben dem Dinosaurier seine Gestalt.
Zum Schluss kommt die Haut dran. Weil es einige fossile Abdrücke von Dinosaurierhaut gibt, haben Paläontologen eine ziemlich genaue Vorstellung von ihrer Struktur. Fossilien verraten Paläontologen immer nur ein paar Einzelheiten über einen Dinosaurier. Weitere Details müssen sie durch Vergleiche mit anderen Dinosaurier-Skeletten sowie mit heute lebenden Tieren und etwas Fantasie erarbeiten. So erwecken sie einen seit Jahrmillionen toten Dinosaurier zu neuem Leben.

INSIDESTORY
Dokumentation

Illustrationen spielen beim Nachbau eines Dinosauriers eine wichtige Rolle. Ein Dinosaurier-Zeichner ist ein Spezialist, der alle fossilen Knochen eines neuen Dinosaurier-Skeletts zeichnet. Dank dieser Zeichnungen erfährt die Welt von dem neuen Dinosaurier. Der Zeichner wird bei seiner Arbeit von einem Paläontologen beraten. Sie sprechen über die Fossilien und alles, was über den Dinosaurier und seine Umwelt bekannt ist. Dann fertigt der Zeichner Skizzen an. Nach weiteren Gesprächen mit dem Paläontologen verleiht der Zeichner dem Dinosaurier mit Farbe ein lebendiges Aussehen.

Dank moderner Robotertechnik können wir realistische, lebensgroße Modelle von Dinosauriern anfertigen, die sich völlig natürlich bewegen. Diese Dino-Roboter grunzen und brüllen sogar. Zwar wissen wir nicht, welche Geräusche Dinosaurier wirklich machten, aber wir können zumindest raten.

Das Skelett wird vervollständigt. Knochenbrüche werden verklebt. Von fehlenden Knochen werden Glasfaser-Repliken angefertigt. Giganotosaurus fehlten ein paar Schwanzknochen, doch die Paläontologen fertigten Ersatz, indem sie sich nach nahen Verwandten wie Allosaurus richteten.

IGUANODON IM WANDEL
Dank neuer Erkenntnisse und Forschungen ändert sich das Aussehen eines Dinosauriers. Als diese Skulptur 1853 entstand, hielt man Iguanodon noch für eine Riesenechse mit einem Nasenhorn.

Als man Ende des 19. Jahrhunderts vollständige Skelette von Iguanodon fand, wussten Forscher, dass er Zweibeiner war und der Dorn an seinem Daumen saß. Doch sie glaubten, so ein Riesentier müsse ein Drachen gewesen sein.

WÖRTERBUCH

Der wissenschaftliche Name für ein Tier kann nur einmal verwendet werden. Manchmal wird derselbe Name zwei Tieren gegeben, dann muss einer der Namen geändert werden. **MONONYCHUS** heißt „eine Kralle". Diesen Namen erhielt ein kleiner Theropode, der an jedem kleinen Arm nur ein Kralle besaß. Doch den Namen hatte schon ein Käfer, darum bekam der Theropode den neuen Namen **MONONYKUS**.

SCHON GEWUSST?

Manchmal werden die Knochen von zwei verschiedenen Dinosauriern verwechselt. Das geschah bei „Brontosaurus", der das Skelett eines Apatosaurus mit dem Kopf eines anderen Dinosauriers hatte. Jahrzehntelang blieb der Irrtum unbemerkt, und „Brontosaurus" wurde berühmt. Aber Anfang der 1990er-Jahre wurde der richtige Kopf auf das Skelett montiert, und „Brontosaurus" gab es nicht mehr.

WEGWEISER

- Wann war Giganotosaurus der König der Dinosaurier? Lies auf S. 40.
- Wie stellte sich der Entdecker von Iguanodon dessen Aussehen vor, als er nur ein paar Zähne und Knochen von ihm besaß? Lies nach auf S. 51.
- Sind Vögel enge Verwandte der Dinosaurier? Lies nach auf S. 60–61.

Die inneren Organe von Dinosauriern wurden nur in Ausnahmefällen zu Fossilien. So sind Wissenschaftler auf Annahmen angewiesen, was die Lage von Giganotosaurus' Herz, Lungen und anderen Organen angeht. Sie stützten sich dabei auch auf die Untersuchung heute lebender Verwandter wie Krokodile und Vögel.

Giganotosaurus' Muskeln hinterließen Narben, wo sie mit seinen Knochen verbunden waren. Aus diesen Spuren auf den Knochen können Wissenschaftler ableiten, wie groß die Muskeln waren und wie sie angesetzt waren. Um den Körper zu formen, legen Wissenschaftler mehrere Muskelschichten übereinander.

Von Giganotosaurus wurde nie Haut gefunden, aber es gibt einige wenige Hautfossilien anderer Dinosaurier. Paläontologen richten sich nach der Haut dieser Fossilien und der lebender Reptilien wie Krokodilen und Echsen. Bei der Farbe lassen sie sich von Tieren leiten, die heute in einer ähnlichen Umgebung leben.

Giganotosauru

Über die Färbung von Dinosauriern wissen wir nichts. Doch Zeichner können Ideen ausprobieren. Vielleicht hatte der Kopfschild eines Horndinosauriers Kreise wie Ochsenaugen, um noch größer und Furcht einflößender auszusehen. Oder er war farbenprächtig, um das andere Geschlecht anzulocken. Vielleicht war er auch unauffällig gefärbt und bot so eine gute Tarnung.

Bei späteren Nachbildungen sah Iguanodon weniger wie ein Drache und eher wie ein gigantisches Reptil aus. Aber es galt als so plump, dass es sich auf seinen Schwanz stützen musste.

In der heutigen Rekonstruktion sieht dieser Dinosaurier ganz anders als bei seinem Erstfund aus. Heute wird Iguanodon für sehr aktiv gehalten. Er lief meist auf allen vieren und hielt den Schwanz hoch.

Insekt

Reptil

Dinosaurier-Sterben

Vor 65 Millionen Jahren verschwanden die Dinosaurier plötzlich. Dies war eines der rätselhaftesten Ereignisse in der Erdgeschichte. Aber nicht nur die Dinosaurier starben am Ende der Kreidezeit aus. Tausende anderer Tierarten teilten ihr Schicksal. In den Ozeanen überlebten einige Fische, nicht aber die Meeresreptilien, mit Ausnahme der Meeresschildkröten. Im Luftraum überlebten die Pterosaurier nicht, während Vögel und Insekten es schafften. Auf dem Festland verschwanden die Dinosaurier, doch die anderen Reptiliengruppen – Krokodile, Eidechsen, Schlangen und Schildkröten – lebten weiter, neben den Amphibien und Säugetieren. Fast die Hälfte der Pflanzen der Kreidezeit gab es im Tertiär nicht mehr.

Die Katastrophe, die das massenhafte Aussterben verursachte, vernichtete 75 Prozent aller Tiere und Pflanzen. All dies ist so lange her, dass wohl nie geklärt werden kann, was damals geschah. Es gibt eine Reihe von Theorien – Klimaveränderungen oder ein verheerender Vulkanausbruch. Die Haupttheorie geht davon aus, dass ein Riesenmeteorit auf der Erde einschlug, der den Dinosauriern und vielen anderen Lebensformen zum Verhängnis wurde.

Säugetiere wie dieser Purgatorius gehörten zu den Tieren, die das Massensterben überlebten. Kreidezeitliche Säuger waren klein und könnten der Katastrophe entgangen sein, indem sie sich eingruben. Sie entwickelten sich bald zu Tausenden von Arten und nahmen den Platz der Dinosaurier ein. Vögel, Insekten, Fische, Krokodile, Amphibien, Schildkröten, Schlangen und Eidechsen überlebten ebenfalls.

INSIDESTORY
Meteoriten-Einschlag

Ein Felsbrocken größer als der Mount Everest, der mit einer Geschwindigkeit von 50 000 km/h durch das Weltall raste, schlug am Ende der Kreidezeit auf der Erde ein. Er hinterließ einen gewaltigen Krater, wie der unten abgebildete, nur noch viel größer. Die Erdatmosphäre erhitzte sich, die halbe Welt stand in Flammen, und die Luft füllte sich mit dickem Rauch und Staub. Saurer Regen begann zu fallen und verätzte alles, was er berührte. Die Sonne war verdunkelt, sodass Pflanzen nicht mehr wuchsen. Viele Tiere, welche die Druckwellen, das Feuer und den sauren Regen überlebten, verhungerten, weil es nichts mehr zu fressen gab. Dies halten viele Paläontologen für die beste Erklärung für das Massensterben, mit dem die Kreidezeit und das Zeitalter der Dinosaurier zu Ende ging.

Der Himmel leuchtet feuerrot, wenn ein Riesenmeteorit auf der Erde einschlägt. Über Tausende von Kilometern vernichten Feuersbrünste alles, auch diesen Triceratops. Triceratops gehörte zu den Dinosaurier-Arten, die bis zum Ende der Kreide Lebten. Tyrannosaurus, Edmontosaurus und Pachycephalosaurus überlebten ebenfalls bis zu dem großen Massensterben.

Säugetier

Vogel

Fisch

WÖRTERBUCH

DEZIMIEREN heißt töten oder den Bestand weitgehend vernichten. Das Wort kommt von lateinisch decimus, was „der zehnte" heißt. Dezimierung war im alten Rom eine häufig ausgeübte Bestrafung für Soldaten, die nicht gut gekämpft hatten. Jeder zehnte Mann wurde als Mahnung für die anderen mit dem Tode bestraft.

SCHON GEWUSST?

Es gibt Hunderte – vielleicht Tausende – von Asteroiden im Sonnensystem von der Größe des Meteoriten, der das Massensterben in der Kreide verursacht haben könnte. Zum Glück kreisen die meisten dieser Asteroiden auf Bahnen, auf denen sie der Erde nie zu nahe kommen werden. Doch einige werden das. Es ist nicht ausgeschlossen, dass einer von ihnen in weit entfernter Zukunft mit der Erde kollidieren wird.

WEGWEISER

- Was waren die Meeresreptilien und Pterosaurier? Lies nach auf S. 24–25.
- Wie steuerten Dinosaurier ihre Körpertemperatur? Lies nach auf S. 8–19.
- Wie sah die Welt in der Kreidezeit vor dem Massensterben aus? Lies nach auf S. 14–15.

Eine der dümmsten Theorien über das Verschwinden der Dinosaurier ist, dass Außerirdische sie gekidnappt hätten. Anderen Theorien zufolge starben die Dinosaurier vor Langeweile oder sie ertranken in ihrem Kot, oder waren einfach zu dumm, um zu überleben. Dass das nicht stimmt, wissen wir.

WEITERE THEORIEN ÜBER DAS MASSENSTERBEN

Vielleicht erwärmte sich das Klima. Nahrung wurde unter den Bedingungen knapper. Größere Tiere wie Dinosaurier hatten Schwierigkeiten, sich kühl zu halten und starben an Überhitzung.

Vielleicht wurde das Klima zu kalt. Dinosaurier konnten sich nicht warm halten oder fanden nicht genug Nahrung, weil viele Pflanzen nicht wachsen konnten. Vor Kälte und Hunger starben die Dinosaurier schließlich aus.

Vielleicht haben mehrere verheerende Vulkanausbrüche die Erdatmosphäre vergiftet und den Himmel verdeckt. Ohne Sonnenlicht konnten keine Pflanzen gedeihen. Pflanzenfresser verhungerten und mit ihnen die Fleischfresser.

Schildkröte

Die Verwandten

Dinosaurier sind tot, aber einige ihrer Verwandten – Vögel und Krokodile – leben noch heute. Wissenschaftler glauben, dass der erste Vogel Archaeopteryx war. Er erschien im Jura. Entwicklungsgeschichtlich stammt er von kleinen, fleischfressenden Dinosauriern ab. Einige wie Caudipteryx und Sinosauropteryx hatten sogar Federn, allerdings nicht zum Fliegen. Die Fossilien dieser gefiederten Fleischfresser zeigen deutlich die Verbindung zwischen Dinosauriern und Vögeln.

Vögel und Dinosaurier haben gemeinsame Merkmale. Am auffälligsten sind die Füße. Vögel besitzen drei nach vorne weisende Zehen und einen vierten, der nach hinten steht. Die Füße der fleischfressenden Dinosaurier waren genauso. Ein Huhn hat die gleichen Füße wie Tyrannosaurus. Nach Meinung mancher Wissenschaftler leben Dinosaurier noch unter uns, denn Vögel sind Dinosaurier.

Die anderen heutigen Dinosaurier-Verwandten, die Krokodile, haben Schädel, die denen der Dinosaurier sehr ähnlich sind. Beider Vorfahren sind Archosaurier. Anders als die Dinosaurier starben die Krokodile vor 65 Millionen Jahren nicht aus. Sie haben sich seither kaum verändert und können uns viel über ihre ausgestorbenen Verwandten verraten.

Mit seinem wellenförmigen, grinsenden Maul und den großen, scharfen Zähnen hatte der fleischfressende Dinosaurier Baryonyx einen ähnlichen Kopf wie ein Krokodil. Baryonyx und Krokodile waren entfernt miteinander verwandt. Ihre Gebisse sehen ähnlich aus, weil sie damit vermutlich das Gleiche taten – Fische fangen.

INSIDESTORY
Der erste Vogel

Im Jahr 1861 entdeckten Arbeiter in einem Kalksteinbruch bei Solnhofen in Süddeutschland eine hervorragend erhaltene fossile Feder. Diese Entdeckung war eine Sensation. Wissenschaftler hatten bisher geglaubt, dass Vögel nicht so alt seien, aber die fossile Feder hatte ein Alter von 145 Millionen Jahren. Der Paläontologe Hermann von Meyer nannte den unbekannten Besitzer dieser Feder Archaeopteryx. Dann fanden die Arbeiter einen fast vollständigen Archaeopteryx. Sein Skelett sah wie das eines kleinen fleischfressenden Dinosauriers aus. Aber er war mit fein strukturierten Federn bedeckt und besaß vogelartige Schwingen. Mit diesen Merkmalen war Archaeopteryx das Bindeglied zwischen den Dinosauriern und den Vögeln. Und mit einem Alter von 145 Millionen Jahren ist er auch der früheste bekannte Vogel.

Caudipteryx war ein gefiederter Dinosaurier. Sein Fossil, mit den schwachen Abdrücken seiner Federn, wurde in China entdeckt. Die langen Federn an Armen und Schwanz dienten nicht zum Fliegen. Er stellte sie vermutlich zur Schau oder fing damit Insekten.

WÖRTERBUCH

Pteryx ist griechisch für „Flügel" oder „Feder". Das Wort findet sich in mehreren Dinosaurier- und Vogelnamen.

Archaeo heißt „uralt", darum bedeutet **ARCHAEOPTERYX** „uralte Feder".

Caud heißt „Schwanz", daher bedeutet **CAUDIPTERYX** „Schwanzfeder".

Sino bedeutet „chinesisch". **SINOSAUROPTERYX** heißt „chinesische Echse mit Federn". Dieser gefiederte Dinosaurier wurde in China gefunden.

SCHON GEWUSST?

Als Erster erkannte der britische Paläontologe Thomas Huxley die Verwandtschaft zwischen Dinosauriern und Vögeln. Als Huxley einmal zu Abend Rebhuhn aß, dachte er über einen Dinosaurier-Knöchel nach, der ihn schon seit Längerem beschäftigte. Er stellte fest, dass der Knöchel des Vogels, den er verspeiste, genau der gleiche Knochen war. Daraus leitete er die Theorie ab, dass Dinosaurier und Vögel verwandt sind.

WEGWEISER

- Warum entwickelten sich Vögel aus Echsenbecken-Dinosauriern und nicht aus Vogelbecken-Dinosauriern? Lies nach auf S. 17.
- Welche Geschöpfe flogen schon vor den Vögeln? Lies nach auf S. 24–25.
- Welche Dinosaurier sahen wie Strauße aus und konnten fast genauso schnell laufen? Lies nach auf S. 42–43.

VOM DINOSAURIER ZUM VOGEL

Kleine fleischfressende Dinosaurier wie Compsognathus liefen auf den Hinterbeinen und hatten die Arme zum Beutefang frei. Der erste Vogel, Archaeopteryx, verwandelte die Greifbewegung in eine schlagende und benutzte dazu seine frühen Flügel. Heutige Vögel haben die Krallen an den Flügeln, den langen knöchernen Schwanz und die Zähne dieses Vogels verloren, lernten dafür aber fliegen.

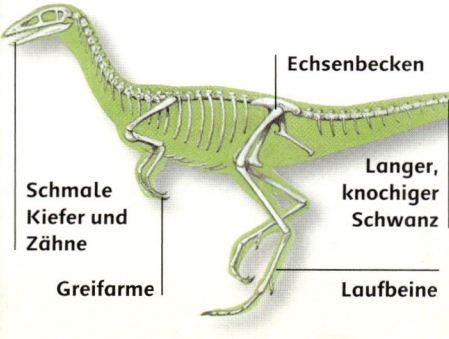

Alligatoren und Krokodile sind Archosaurier, wie es die Dinosaurier waren. Die Dinosaurier entwickelten sich in zwei unterschiedlichen Gruppen – Ornithischier und Saurischier. Vögel stammen von den Saurischiern ab. Alligatoren, Krokodile und Vögel leben noch heute.

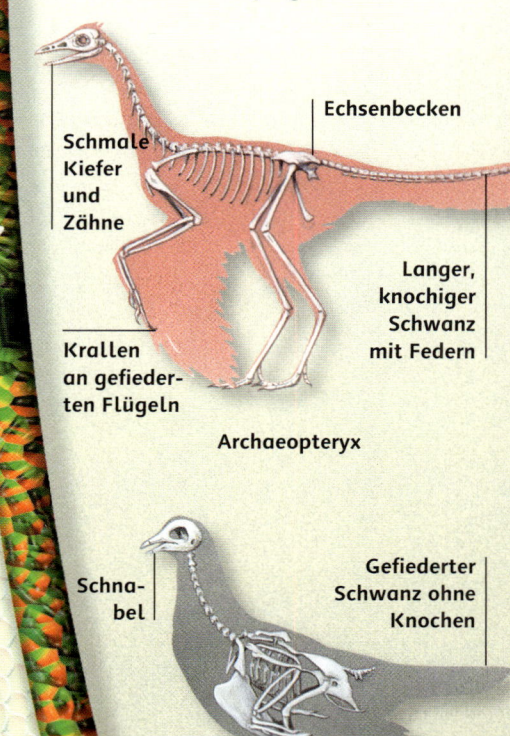

Archaeopteryx rennt am Boden und schlägt dabei seine gefiederten Flügel, um ein bisschen schneller hinter dem Insekt herjagen zu können. Archaeopteryx gilt als der erste Vogel. Dinosaurier hatten wahrscheinlich Federn, die sie warm hielten. Als Archaeopteryx sich später aus den Dinosauriern entwickelte, wurden seine Federn länger, damit er sie zum Fliegen nutzen konnte.

Sekretär

Compsognathus
- Echsenbecken
- Langer, knochiger Schwanz
- Laufbeine
- Greifarme
- Schmale Kiefer und Zähne

Archaeopteryx
- Echsenbecken
- Schmale Kiefer und Zähne
- Langer, knochiger Schwanz mit Federn
- Krallen an gefiederten Flügeln

Heutiger Vogel
- Schnabel
- Gefiederter Schwanz ohne Knochen
- Gefiederte Flügel ohne Krallen

Pflanzenfossil Ichthyosaurus, ein Ichthyosaurier Iguanodonten-Fährte

Worterklärungen

Aasfresser Ein fleischfressendes Tier, das sich von toten Tieren ernährt. Es wartet entweder, bis der Jäger sich satt gegessen hat, oder stiehlt ihm das tote Tier.

Ankylosaurier Panzer-Dinosaurier; eine Gruppe gepanzerter, pflanzenfressender Dinosaurier, die während der späten Kreidezeit in Nordamerika, Asien, Europa und Australien lebte. Ihre tonnenförmigen Körper waren durch dicke Knochenplatten und Stachelreihen geschützt.

Archosaurier Eine große Reptiliengruppe. Zu ihnen gehören die Krokodile und Alligatoren, Archosaurier, die noch heute leben. Sie umfasste auch die ausgestorbenen Dinosaurier und Pterosaurier.

Art Eine Gruppe von Pflanzen oder Tieren, die gemeinsame Merkmale haben. Mehrere ähnliche Arten bilden zusammen eine Gattung. Tyrannosaurus rex war eine Art der Gattung Tyrannosaurus.

Badlands Die Landschaft, in der viele Dinosaurier-Fossilien zu finden sind. Badlands sind oft entlegene, karge Gegenden, wo Flüsse und der Wind Gesteinsschichten abgetragen und Fossilien freigelegt haben. Badlands gibt es in den US-Bundesstaaten Montana, Utah, Wyoming, Colorado und Neu Mexiko, in Alberta (Kanada), in Patagonien (Südamerika), in der Wüste Gobi (China) und in der Mongolei.

Carnivoren Tiere oder Pflanzen, die sich von Fleisch ernähren.

Carnosaurier Eine Gruppe massiger, kräftiger fleischfressender Theropoden, wie Allosaurus und Giganotosaurus. Manche wurden größer als ein Müllabfuhrwagen. Sie waren aktive Jäger, die wahrscheinlich auch von Aas lebten, wenn sich ihnen die Gelegenheit dazu bot. Wegen ihrer Größe und ihres Gewichts konnten sie weder schnell noch weit laufen.

Ceratopsier Eine Gruppe von vierbeinigen Pflanzenfressern wie Triceratops. An ihren großen Köpfen saßen Hörner und knöcherne Halsschilde. Sie entwickelten sich als eine der letzten Dinosaurier-Gruppen und breiteten sich in riesigen Herden in den Ebenen von Nordamerika und Asien aus.

Coelurosaurier Die berühmtesten fleischfressenden Dinosaurier. Ihre Größe reichte vom 3 m großen Coelophysis bis zum 12 m großen Tyrannosaurus. Sie waren in der Kreidezeit sehr häufig vertreten, und aus ihnen entwickelten sich die Vögel.

Erosion Die Abtragung von Gesteinsmaterial der Erdoberfläche durch Regen, Gletscher, Eis oder Wind.

Evolution Die Entwicklung von Pflanzen und Tieren im Laufe von Hunderten von Jahrmillionen. Dinosaurier entwickelten sich während des 183 Millionen Jahre dauernden Mesozoikums aus ihren Vorfahren und dann selbst zu neuen Arten.

Fossil Überreste von Leben aus der erdgeschichtlichen Vergangenheit. Sie können zu Pflanzen oder Tieren gehören, die versteinert sind oder im Gestein einen Abdruck hinterlassen haben.

Gastrolithen Magensteine. Die Sauropoden verschluckten diese Steine, um die grobe Nahrung in ihrem Magen zu zerkleinern.

Hadrosaurier Eine Gruppe von pflanzenfressenden Dinosauriern wie Parasaurolophus und Edmontosaurus. Sie hatten eine breite, entenschnabelartige Schnauze mit zahlreichen Reihen von Zähnen, mit denen sie ihre pflanzliche Nahrung zermahlten. Viele trugen knochige Gebilde auf dem Kopf. Erstmals erschienen sie in Asien während der Kreide. Sie wurden die häufigsten und formenreichsten Ornithopoden dieser Epoche.

Hemisphäre Halbkugel, die Hälfte der Erdkugel. Die nördliche und die südliche Hemisphäre werden durch den Äquator getrennt.

Herbivoren Pflanzenfresser.

Ichthyosaurier Fischsaurier; Gruppe von Meeresreptilien, die zur gleichen Zeit wie die Dinosaurier lebten. Sie hatten delfinähnliche Körper und brachten ihre Jungen im Meer zur Welt.

Iguanodonten Große, pflanzenfressende Dinosaurier wie Iguanodon, die meist auf allen vieren liefen. Sie erschienen erstmals im Jura und waren in der frühen Kreidezeit weitverbreitet.

Jura Die mittlere geologische Periode des Mesozoikums. Der Jura dauerte von vor 208 bis vor 144 Millionen Jahren. Die Lebensbedingungen auf der Erde begünstigten die Entstehung neuer Arten von Dinosauriern, darunter insbesondere die gewaltigen, langhalsigen Sauropoden.

kaltblütig Tiere wie Schlangen und Echsen nennt man „kaltblütig". Sie beziehen ihre Körperwärme aus ihrer Umgebung, indem sie sich in der Sonne aufhalten. An einem kalten Tag sind sie weniger aktiv.

Koniferen Nadelhölzer.

Koprolith Dinosaurier-Kot, der zu einem Fossil geworden ist.

Kreidezeit Die dritte und letzte Periode des Mesozoikums. Sie dauerte von vor 144 bis vor 65 Millionen Jahren. In dieser Zeit entwickelte sich eine große Vielfalt von Dinosauriern, die dann alle ausstarben.

Mesozoikum Erdmittelalter. Das Zeitalter der Dinosaurier. Es begann vor 245 Millionen Jahren, bevor die Dinosaurier sich entwickelten, und endete vor 65 Millionen Jahren mit einem massenhaften Aussterben von Pflanzen und Tieren. Es ist in drei

Edmontosaurus, ein Hadrosaurier

Dryosaurus, ein kleiner Ornithopode

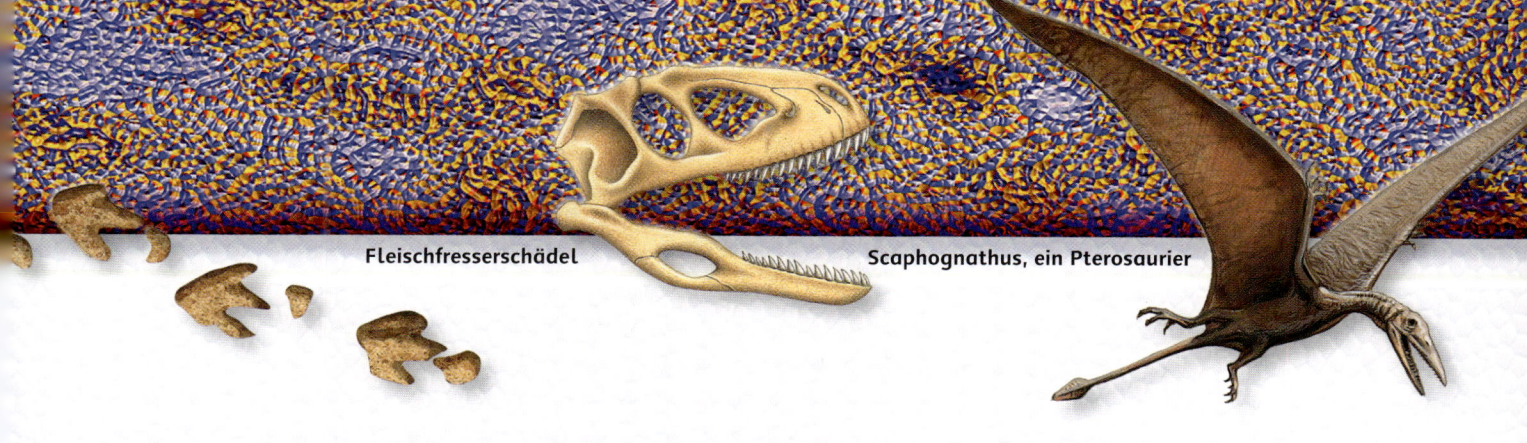

Fleischfresserschädel   Scaphognathus, ein Pterosaurier

Perioden unterteilt: die Trias, der Jura und die Kreide.

Meteorit Ein gewaltiger Brocken aus Gestein oder Metall, der vom Weltraum auf die Erde fällt.

Mosasaurier Meeresechsen, auch als Seedrachen bezeichnet. Sie lebten während der späten Kreide in Binnengewässern. Sie besaßen dicke, aalförmige Körper und bewegten sich mit vier Flossen fort.

mumifiziert Von Hitze oder Wind ausgetrocknet. Einige Dinosaurier blieben auf diese Weise erhalten, nachdem sie von einem Sandsturm oder von Vulkanasche begraben worden waren. Selbst ihre Haut und inneren Organe können mumifiziert worden sein.

Ornithischier Die Vogelbecken-Dinosaurier. Ihr Becken war so konstruiert, dass das Schambein nach hinten zeigte, parallel zum Sitzbein. Alle Ornithischier waren Pflanzenfresser.

Ornithopoden Die Vogelfuß-Dinosaurier. Zu diesen Pflanzenfressern gehörten zum Beispiel die Iguanodonten und die Hadrosaurier.

Pachycephalosaurier Die Dickkopfsaurier; eine Gruppe von pflanzenfressenden Dinosauriern mit dicken Schädeldächern. Zu ihnen gehörten Pachycephalosaurus und Prenocephale. Die meisten lebten während der Kreidezeit in Nordamerika und Asien.

Paläontologe Ein Wissenschaftler, der sich mit ausgestorbenen Lebewesen früherer Zeitabschnitte der Erdgeschichte befasst und sich dabei auf die Fossilien von Pflanzen und Tieren stützt.

Plesiosaurier Große Meeresreptilien, die im Jura und in der Kreide zahlreich vertreten waren. Ihre langen Hälse konnten sie über die Wasseroberfläche erheben und von dort auf ihre Beute herabstoßen. Sie schwammen mit ihren vier paddelartigen Flossen.

Pliosaurier Meeresreptilien, die große Köpfe mit starken Zähnen, kurze Hälse und stämmige, stromlinienförmige Körper besaßen. Sie waren die Killer in den Meeren des Mesozoikums.

Prosauropoden Eine der frühesten Gruppen von Dinosauriern. Diese pflanzenfressenden Saurischier, wie zum Beispiel Plateosaurus, lebten in der späten Trias und im frühen Jura.

Pterosaurier Fliegende Reptilien wie Scaphognathus, die erstmals in der späten Trias erschienen.

Raubtier Ein Tier, das andere Tiere jagt und erlegt.

Reptilien Kriechtiere; eine Gruppe der Wirbeltiere. Sie haben Schuppenhaut und ihre Jungen schlüpfen aus Eiern. Schlangen und Echsen sind heute lebende Reptilien.

Säugetiere Eine Gruppe von Wirbeltieren, die behaart oder bepelzt sind und ihre Jungen mit Muttermilch aufziehen. Menschen sind Säugetiere, ebenso wie Hunde, Katzen oder Fledermäuse.

Saurischier Die Echsenbecken-Dinosaurier. Ihr Becken war so gebaut, dass das Schambein nach vorne zeigte. Alle fleischfressenden Dinosaurier waren Saurischier. Die pflanzenfressenden Prosauropoden und Sauropoden waren ebenfalls Saurischier.

Sauropoden Die Vierbeiner unter den Dinosauriern wie Diplodocus und Brachiosaurus mit sehr langen Hälsen und Schwänzen. Sie waren eine der beiden Arten von Pflanzenfressern, die ein Echsenbecken besaßen – die meisten Pflanzenfresser hatten Vogelbecken. Sie entwickelten sich in der späten Triaszeit. Zu ihnen gehörten die größten Tiere, die je auf der Erde lebten.

Stegosaurier Auf vier Beinen laufende, pflanzenfressende Dinosaurier mit Knochenplatten auf ihrem Rücken und paarweise angeordneten langen, scharfen Dornen an der Spitze ihrer kräftigen Schwänze. Ab dem späten Jura zogen sie durch Nordamerika, Europa, Asien und Afrika. Zu ihnen gehörten Stegosaurus und Kentrosaurus.

Synapsiden Säugetierähnliche Reptilien; eine Gruppe von Tieren, die zur gleichen Zeit wie die Reptilien erschien. Sie lebten vor den Dinosauriern, und aus ihnen entwickelten sich die Säugetiere.

Therizinosaurier Eine Gruppe exotischer Dinosaurier, die Theropoden waren, aber einige Merkmale mit den Prosauropoden gemeinsam hatten. Sie lebten in der Kreide. Zu ihnen gehörten Segnosaurus und Erlikosaurus.

Theropoden Alle fleischfressenden Dinosaurier. Sie hatten ein Echsenbecken und liefen auf ihren Hinterbeinen.

Trias Die erste geologische Periode im Mesozoikum, die vor 248 Millionen Jahren begann und vor 208 Millionen Jahren endete. Dinosaurier traten erstmals etwa in der Mitte dieser Periode auf, vor rund 228 Millionen Jahren.

warmblütig Tiere wie Säugetiere und Vögel nennt man „warmblütig". Ihre Körpertemperatur ist ziemlich gleichbleibend, weil sie die Wärme durch die Verbrennung der Nahrung in ihrem Körper selbst erzeugen. Sie können immer aktiv sein.

Wirbeltiere Tiere, die ein Innenskelett mit einer Wirbelsäule besitzen. Alle Wirbeltiere pflanzen sich geschlechtlich fort.

Sauropodenskelett   Scutellosaurus, ein Ornithischier

Register

Acrocantbosaurus 40
Albertosaurus 40, 43
Alligatoren 61
Allosaurus 12–13, 39–41, 55
Alphadon 25
Ankylosaurier 14, 36, 48
Ankylosaurus 20–21, 36
Antarctosaurus 39
Apatosaurus 16, 32–33, 50, 57
Archaeopteryx 60–61
Archeion 25
Archosaurier 61
Arme 20, 29
Asteroiden 59
Aussterben der Dinosaurier 58–59

Badlands 8, 52
Barosaurus 12–13, 20, 32–33, 50
Baryonyx 20, 29, 60
Becken 16–17
Bernissartia 24
Brachiosaurus 12, 31–33, 36, 39
Brontosaurus 33, 57

Camarasaurus 39
Carcharodontosaurus 40
Carnivoren 29
Carnosaurier 49, 54
Carnotaurus 29
Caudipteryx 60–61
Ceratopsier 14, 30, 36–37, 49
Ceratosaurus 29
Cetiosaurus 50
Chasmosaurus 14–15
Coelophysis 10–11, 20, 38
Coelurosaurier 29, 49
Compsognathus 29, 38, 61
Corythosaurus 14–15, 30
Cryptoclidus 25

Daspletosaurus 28
Deinonychus 18, 28, 40–41
Dickkopf-Dinosaurier 34
Dilophosaurus 8–9
Dimorphodon 24
Dinosaur National Monument 32
Dinosaur Provincial Park 46
Dinosaurier, Wort 9

Diplodocus 18, 20–21, 30, 32–33, 39, 50, 55
Dromaeosaurus 21, 28, 40
Dromiceiomimus, 28, 42
Dryosaurus 21, 36
Dystylosaurus 39

Echsen 25
Edmontosaurus 21, 35, 55, 58
Eier 22–23
Einiosaurus 56
ektotherm 19
Elasmosaurus 24
Elefantenvögel 23
endotherm 19
Entenschnabel-Dinosaurier 34
Eoraptor 17
Erdgeschichte (Perioden) 8–9
Eric (Fossil) 47
Erlikosaurus 17
Eudimorphodon 11
Euoplocephalus 36

Färbung und Zeichnung 20–21, 57
Federn 19, 60–61
Fleischfressende Dinosaurier 16, 20, 22, 28–29, 38, 40–41
fliegende Reptilien 9, 11, 25
Fortpflanzung 22–23
Fossilien 36–37, 46–57
Fressgewohnheiten 30–31
Fußabdrücke 48–49
Füße 20, 33, 50

Gallimimus 29, 42–43
Gehirne 38
Geologie 47
Geschwindigkeit von Dinosauriern 42–43
Giganotosaurus 38–40
Gobi, Wüste, Mongolei 15, 46–47, 50
Gondwana 12, 13, 14

Hadrosaurier 14, 23, 30–31, 34–35, 49
Hadrosaurus 50
Hälse 32–33
Hände 50–51
Herbivoren 29
Heterodontosaurus 30–31

Hoazin 60
Hören, Sinn 43
Hörner 36–37
Hypsilophodon 17, 20, 30

Ichnitium 49
Ichthyosaurier 24
Ichthyosaurus 24
Iguanodon 30–31, 42, 48, 50–51, 56–57
Insekten 25

Jagd von Dinosauriern 29
Jagd auf Dinosaurier-Fossilien 52–53
Jura 8–9, 12–13, 15, 32, 36, 40, 60
Jurassic Park (Film) 12

kaltblütige Dinosaurier 18–19
Kannemeyeria 11
Kentrosaurus 12, 36
Klimaveränderung 58–59
Knochen 18–19, 36–37, 54–55
Komodowarane 8
Konservatoren 55
Köpfe 33–35
Koprolithen 48–49
Körpergröße 38–39
Körpertemperatur 18–19
Kot 48
Kreide 8–9, 14–15, 34, 36, 42, 58
Krokodile 60–61
Kronosaurus 24

Lambeosaurus 16–17, 21, 30, 35
Lark Quarry, Australia 48
Laurasia 12–14
Leaellynasaura 18, 23
Liopleurodon 24

Maiasaura 22–23, 34, 37
Mamenchisaurus 32–33, 50
Massospondylus 10
Mäuler 30–31
Menschen und Dinosaurier 24
Mesozoikum 8, 24, 40, 42, 46
Meteoriten 58
Micropachycephalosaurus 38–39

Mononychus 57
Mononykus 56–57
Muskeln 57

Nahrung für Dinosaurier 13, 15
Nodosaurier 37
Nothosaurus 11

Omnivoren 29
Ooliten 49
Organe 57
Ornithischier 16–17, 61
Ornitholestes 28
Ornithomimiden 42–43
Ornithopoden 12
Orodromeus 22
Oviraptor 16, 22

Pachycephalosaurier 20, 34
Pachycephalosaurus 15, 21, 34, 58
Pachyrhachis 25
Paläobotanik 51
Paläontologen 9, 50–57
Paläontologie 51
Paläozoologie 51
Pangäa 10–12
Panzerung 36–37
Parasaurolophus 34, 35
Pflanzen 13
Pflanzenfressende Dinosaurier 16, 20, 23, 30–31, 36, 38
Pflanzenfossilien 30
Pholidophorus 25
Pinacosaurus 29, 50
Platecarpus 25
Plateosaurus 10, 30
Plesiosaurier 24–25
Pliosaurier 24, 47
Polacanthus 36
Präparatoren 55
Prenocephale 35
Prosauropoden 48
Protoceratops 20, 31
Pterodaustro 24
Pterosaurier 9, 11, 24, 25
Purgatorius 58

Quetzalcoatlus 25

Raubtiere 40–41
Rhamphorhynchus 25
Riechen, Sinn 42

Säugetiere 25
Saurischier 16–17, 61

Saurolophus 35
Sauropelta 37
Sauropoden 12, 14, 20, 22, 30, 32–33, 49
Scaphognathus 25
Schädel 41
Schlangen 25
Scutellosaurus 36
Scelidosaurus 50
Segnosaurus 17
Sehen, Sinn 42
Seismosaurus 30, 32, 38–39
Sinne 42–43
Sinosauropteryx 60–61
Skelette, Zusammenbau 16, 54–57
Smithsonian-Institut, Washington 55
Spinosaurus 18, 40
Stegoceras 35
Stegosaurier 14, 36
Stegosaurus 12, 19, 30–31, 36–39
Steine, in Dinosauriermägen 31
Struthiomimus 42–43
Stygimoloch 35
Supersaurus 39
Synapsiden 9

Taphonomie 53
Tarbosaurus 28
Tastsinn 43
Therizinosaurier 17
Theropoden 14, 20, 29, 40
Trias 8–9, 10–11
Triceratops 20, 30, 36–37, 55, 58–59
Troodon 22, 28, 38, 42
Troodontiden 42
Tuojiangosaurus 21
Tyrannosaurus 14, 20–21, 29, 35, 38, 40–41, 43, 55, 58
Tyrannosaurus rex 40–41

Überlebensstrategien 20–21

Velociraptor 14, 20, 22, 29, 40
Verschwinden der Dinosaurier 58–59
Vögel 60–61

warmblütige Dinosaurier 18–19
Wuerhosaurus 16

Bibliografische Information der Deutschen Nationalbibliothek
Die Deutsche Nationalbibliothek verzeichnet diese Publikation in der Deutschen Nationalbibliografie.
Detaillierte bibliografische Daten sind im Internet über http://dnb.d-nb.de abrufbar.

3 2 1   11 10 09

© 2009 Ravensburger Buchverlag Otto Maier GmbH · Postfach 1860 · 88188 Ravensburg
für die deutsche Ausgabe. Alle Rechte, auch die des auszugsweisen Nachdrucks,
der fotomechanischen Wiedergabe und der Übersetzung vorbehalten
Titel der Originalausgabe: Dinosaurs
© 1999 Weldon Owen Pty Limited
Text: Paul Willis
Illustrationen: Jimmy Chan, Lee Gibbons/Wildlife Art Ltd, Ray Grinaway, Gino Hasler,
David Kirshner, Murray Frederick, David McAlister, James McKinnon, Luis Rey/Wildlife Art Ltd,
Peter Schouten, Peter Scott/Wildlife Art Ltd, Marco Sparaciari, Kevin Stead
Übersetzung aus dem Englischen: Christel Wiemken
Printed in Germany
ISBN 978-3-473-55275-7

www.ravensburger.de

BILDNACHWEIS: (o=oben, u=unten, l=links, r=rechts, m=Mitte, e=extrem, K=Klappe, v=vorne, U=Umschlag, h=hinten) NHM=Natural History Museum,TPL=The Photo Library, Sydney, SPL=Science Photo Library, UOC=University of Chicago. **Ad-Libitum** 5u, 9ur, 14l,16l,19or, 22r, 27l, 28l, 33or, 33u, 37or, 39u, 44u, 52o, 53or (M. Kaniewski). **American Museum of Natural History 15m. Ardea London Ltd,** 13m (R Morris), 31ol, 81 (F. Gohier). **Auscape** 56l (D. Parer & E. Parer-Cook), 10l, 37ol, 38ol, 38or, 40r, 46m, 53ur, 60l (F. Gohier), 48l (S. Wilby & C. Ciantar). **Australian Museum** 47ol (Nature Focus). **BrighamYoung University** 39m (M.A. Philbrick). **Dinosaur National Monument, Utah,** 52um. **Everett Collection** 12m, 24l. **James Farlow** 43r. **David Gillette** 30ul. **The Granger Collection** 51or. **Jeff Foott Prod.BC** 32ul. **Museum of the Rockies** 22ul (B. Selyem). **National Geographic Society** 55u (J.Amos). **NHM** 25otl, 28m, 28r, 31or, 32or, 34m, 42ul, 43ur, 48r, 48o, 51r, 51ur, 53ul, 55o, 56ul. Paläontologisches Museum Universität zu Berlin 36ul. **Peabody Museum of Natural History** 18ul, 52ml. **TPL** 8ol (A. Evrard), 50o (Hulton-Deutsch), 9r (SPUR Plailly), 34o (K. Schaffer). **Dr. Robert Reid.UK** 18ur, 19ul, 19ur.**UOC** 11m (P.Sereno) US Geological Survey, 58l. **Wave Productions** 45or, 56r (O. Strewe). **Paul Willis** 21or.

ILLUSTRATIONSNACHWEIS: **Anne Bowman** 44o, 46ol, 46or, 60ol. **Jimmy Chan** 40l, 59ol. **Simone End** 6ur, 9om, 13or, 13m, 13r, 16or, 24ur, 35m, 35r, 42ol, 42om. **John Francis/Bernard Thornton Artists UK** 20or. **Murray Frederick** 44r, 48/49m, 48o, 48ol, 48ur, 49ol, 49r, 49ul, 62otr. **Lee Gibbons/Wildlife Art Ltd** 45m, 58/59m, 58r, 59r. **Ray Grinaway** 13m, 13ur, 47or. **Jim Harter (ed.) Animals** (Dover, 1979) 56ur, 57ul. **Gino Hasler** 5r, 26mr, 27r, 30ul, 30ur, 31ul, 31um, 40ol, 40om, 40or, 40ol, 40or, 41 or, 41mr, 41ur, 63om. **Tim Hayward/Bernard Thornton Artists UK** 58ul. **David Kirshner** 7ol, 7m, 16/17m, 16eor, 16ol, 16r, 16u, 17o, 17r, 17ul, 17ur, 18/19m, 18or, 19ur,26r, 27l, 32/33m, 32ol, 32om, 32otr, 32u, 33r, 33ur, 38/39m, 38r, 45l, 45ur, 56/57m, 56ol, 56or, 57r, 57ur, 58or, 58ur, 59ul, 60er, 63ul. **Frank Knight** 4or, 6or, 9ol, 10ul, 10ur, 11 um, 11ur, 20r, 24ol, 25um, 25ol, 40m, 46/47u. **David McAllister** 52/53m, 52ur. **James McKinnon** 4mr,6r,6ur, 10/1 lm, 10ol, 10or, 11mr, 11ol, 11ul, 12/13m, 12ol, 12om, 12or, 27ol, 27or, 36ol, 36om, 36ol, 36ur, 37m, 37ul, 37um, 37eu, 44m, 50ol, 50or, 50l, 50ul, 50ur, 51ol, 51m, 51u, 63or, 63ur. **Stuart McVicar** (digitale Bearbeitung) 6mr, 10r, I2r,14r. **Colin Newman/Bernard Thornton Artists UK** 9or, 23o, 58ur. **Luis Rey/Wildlife Art Ltd** 7md, 14/15m, 14ol, 14ul, 14ur, 15mr, 15ur,20/21m, 20ol, 20om, 20or, 20u, 21r, 21ul, 27m, 28/29m, 28ol, 28ol, 28ul, 28ur, 29r, 29um, 41m, 62ul, 62ur. **Peter Schouten** 4r, 8m, 8/9m, 8/9u, 12ul, 12ur, 14or, 15u, 18ol, 26r, 27ur, 29or, 29ur, 30/31m, 30ol, 30om, 30or, 30r, 42m, 62ol. **Peter Scott/ Wildlife Art Ltd** 7ur, 22ol, 22om, 22or, 22om, 23m, 23ol, 23ur, 26ur, 27ul, 34/35m, 34ol, 34om, 34or, 34ul, 35l, 35mr, 35ul, 35um, 35ur, 42/43m, 42ol, 42l, 42ul, 42ur, 43ul, 45ul, 60ol, 60m, 60ur, 61ol, 61o, 61ul. **Marco Sparaciari** 4ur, 45ol, 54ol, 54om, 54or, 54ul, 55r, 55ul, 55ur. **Kevin Stead** 7l, 7ul, 13mr, 24/2um, 24om, 24or, 24m, 24r, 24ul, 25or, 2or, 25ur, 46/47m, 58ol, 62om. **Ann Winterbotham** 15or.

UMSCHLAGSFOTOS: PantherMedia/Thorsten Schrader (Dinos unten rechts), iStockphoto/Linda Bucklin (großer Dino unten, Skelett Dino oben), mauritius images/Photo Researchers (Dino mit Meteorit oben)